被误读的莎士比亚
THE MISUNDERSTOOD SHAKESPEARE

傅光明 著

天津出版传媒集团

天津人民出版社

图书在版编目（CIP）数据

被误读的莎士比亚 / 傅光明著. —— 天津：天津人
民出版社, 2025. 9. —— ISBN 978-7-201-21249-4

Ⅰ. I561.063-53

中国国家版本馆CIP数据核字第20255TM966号

被误读的莎士比亚
BEI WUDU DE SHASHIBIYA

出　　版　天津人民出版社
出 版 人　刘锦泉
地　　址　天津市和平区西康路35号康岳大厦
邮政编码　300051
邮购电话　（022）23332469
电子信箱　reader@tjrmcbs.com

责任编辑　范　园
封面设计　李周衡　汤　磊

印　　刷　天津新华印务有限公司
经　　销　新华书店
开　　本　880毫米×1230毫米　1/32
印　　张　9.25
插　　页　1
字　　数　250千字
版次印次　2025年9月第1版　2025年9月第1次印刷
定　　价　68.00元

序：“原味儿莎”与莎剧新解

    2017年9月18日,终身难忘。这一天,我来到莎士比亚的故乡——英格兰中部沃里克郡埃文河畔斯特拉特福。在莎翁故居盘桓时,忽然想到莎士比亚戏剧步入中国已近百年,虽说中译莎剧出了不少,但总感觉少了莎剧的原汁原味——就将其称为“原味儿莎”吧。试想一下,不同中译本的莎剧,可能是“朱莎”(朱生豪译本)、“梁莎”(梁实秋译本)、“孙莎”(孙大雨译本)、“卞莎”(卞之琳译本)、“方莎”(方平主译本)、“辜莎”(辜正坤主编本)等。这些都是“原味儿莎”吗?

    别的不多说,提两个问题:第一,是否漂亮、华美甚至高雅的中文,或者说,溢满“文艺腔”的中文翻译就意味着忠实? 第二,是否把散文(体)语言分行排列就是诗? 在此,仅以《哈姆雷特》第三幕第一场中那句出自哈姆雷特之口的“To be, or not to be, that is the question”为例。不会说中文的莎士比亚,脑子里肯定从没想过,他这句在1601年写下的英文台词,在20世纪

30年代被翻译成汉语时,会是"生存,还是毁灭,这是一个值得考虑的问题"(朱生豪译)。

事实上,许多从没读过一部莎剧的读者,在遇到坎坷、不幸、挫折,并由此开始思考个人命运时,都可能会不由自主地想起这句话,用它来激励自己;许多有哲思癖的知识人,更认准这句话透露出哈姆雷特在哲学层面上对人类终极命运的叩问和思考。历经四百多年,它早已超越文本语境的时空。人们在拿这句话为自己所用时,并不一定清楚这句台词的彼情彼景。

这涉及一种翻译观。比如,有人认为莎剧是四百多年前的戏,若要原汁原味译出,须用古雅、华美的中文。如此说来,恐怕只有与莎翁同年(1616年)去世的明代戏曲家汤显祖《牡丹亭》式的语言最能体现"原味儿莎"。

我不禁想起鲁迅早在1935年便提倡"复译",而且,他坚决主张,哪怕一部作品已有好几种译本,也必须容纳新译本。鲁迅在《且介亭杂文二集·非有复译不可》中说:"复译还不只是击退乱译而已,即使已有好译本,复译也还是必要的。曾有文言译本的,现在当改译白话,不必说了。即使先出的白话译本已很可观,但倘使后来的译者自己觉得可以译得更好,就不妨再来译一遍,无须客气,更不必管那些无聊的唠叨。取旧译的长处,再加上自己的新心得,这才会成为一种近于完全的定本。但因言语跟着时代的变化,将来还可以有新的复译本,七八次何足为奇,何况中国其实也并没有译过七八次的作品。"

　　若分析朱译这句台词,只要看一眼英文便一目了然,英文里没有"值得考虑的"这五个字。

　　再看梁译:"死后是存在,还是不存在,——这是问题。"梁实秋在此加了脚注:"因哈姆雷特此时意欲自杀,而他相信人在死后或仍有生活,故有此顾虑不决的独白。"从英文看,"这是问题"简单而精准。孙大雨译为"是存在还是消亡,问题的所在",对原文的理解和表达,同样精准。照英文字面意思,还可译出多种,如"活下去还是不活,这是问题",或者"生,还是死,这是问题""活着,还是死掉,这是问题"。若非按死理儿不可,"that"应是"那",而不是"这"。

　　此外,可能一般读者很少注意到,"复译"过《哈姆雷特》的卞之琳,早在1983年便在由"中国莎士比亚研究会"编著的《莎士比亚研究》(浙江人民出版社)创刊号上发表了《〈哈姆雷特〉的汉语翻译及其改编电影的汉语配音》一文。卞之琳即以这句台词为例,对"朱莎"进行了评析:

　　　　我的译文是:活下去/还是/不活:/这是/问题。

　　　　这当然是我的译文里的突出例子,一般也难以做到这样的较为吻合。而在朱译文里常见的例子就类似把这一行诗译成这么一句话:"生存,还是毁灭,这是一个值得考虑的问题。"严格讲,这就不是翻译而只是意译(paraphrase)。

撇开和原文格律的模拟不算,"活"与"不活",在原文里虽还不是形象语言,却一样是简单字眼,意味上绝不等于汉语"生存"与"毁灭"这样的抽象大字眼。我们对语言意味有感觉的写诗与读诗的人,理应在两种译文之间辨别得出哪一种较近于诗的语言。

然而,到目前为止,普通读者最为接受的仍是"朱莎",或许这十分符合我们对哈姆雷特在哲学层面上思考人类终极命运的想象,或者说,读者更愿设身处地用中文替哈姆雷特说出带有这一"大字眼"的千古名句。可毕竟,这句话是哈姆雷特用英文说的。另外,这个"大字眼"与剧情不符。

因此,我在翻译这句台词时,特别参照了"最原味儿莎"的版本,即1603年出版的《哈姆雷特》(最早的"第一四开本")中的这句原文"To be, or not to be, it here's the point",将其译为"活着,还是死去,唉,问题在这儿"。并且为便于读者理解,注释如下:

"To be, or not to be, that is the question.",这几乎是《哈姆雷特》中主人公哈姆雷特最为人所知的一句台词。朱生豪译为:"生存,还是毁灭,这是一个值得考虑的问题。"梁实秋译为:"死后是存在,还是不存在,——这是问题。"并注释:因哈姆雷特此时意欲自杀，而他相信人在死后或仍有生活，故有此顾虑不决的独白。孙大雨译为："是存在还是消亡，问题的所在。"另有译："活下去还是不活，这是问题。"或还可译作："生，还是死，这是问题。""活着，还是死掉，这是问题。"而在1603年的第一四开本中，此句原文为"To be, or not to be, it here's the point"，而"I"是"Ay"的变体，按此则可译为"活着，还是死去，唉，这点是最要命的"，或"唉，症结在于，不知是该活着，还是去死"，或"最要命的是，我不知该继续苟活于世，还是干脆自行了断"。这几种译法均符合哈姆雷特意欲自杀时犹疑不决的矛盾心绪。

我认为，这句早已被经典化的台词，不应以某个唯一的中译本作为标准答案，对这句台词的解读应开放、多元。因为它反映出哈姆雷特内心的多重纠结，即"To be, or not to be"意味着"生与死"，意味着"人死后灵魂之存在还是不存在"，意味着"炼狱之有无"，意味着"人之命运的生存还是毁灭"，意味着"是旧教（天主教）还是新教（英格兰国教，即新教中的安立甘宗，亦称"圣公会"）的选择"……

由此，我更感到，在莎剧的翻译和研究上，我们应像解读这句台词一样，秉持一种多元、开放的学术心态，领悟不同译本之妙义，并探究其中所透露出的不同时代环境与译者自身对莎剧的解读,不轻易否定谁。当然,最重要的是,不能偏离"原味儿莎"。究翻译之根本,信为先。因此,无论阅读哪个中译本,都面临着语言、文化、历史、宗教等差异带来的巨大障碍。毋庸讳言,只靠阅读某一种译本远不足以读懂莎剧,而倘若仅以某一种译本为底本从事莎剧研究,则无异于海滩上种花。

这让我想到复旦师妹石曙萍写于2020年5月9日、作为其"英伦生活点滴"系列之一的《从福斯塔夫式"Falstaffian"说起——闲谈英国私校教育》。摘引如下:

Falstaffian 是什么意思? 我问儿子。"JohnFalstaff 是莎士比亚作品中的一个人物,亨利五世的随从,好吃、风流、健壮、幽默。Falstaffian 就是 Falstaff 式的风格。"儿子随口答道。我很好奇他为何对此这么熟悉。儿子不以为然:"我们读过《亨利四世》和《亨利五世》,里面都有 Falstaff。"……他们小学还精读了七本莎士比亚的作品,除了上面的《亨利四世》(上、下)、《亨利五世》之外,还读了《仲夏夜之梦》《暴风雨》《麦克白》等。这是他们在小学六、七、八三个年级(十一岁至十三岁,相当于中国的小学四年级到六年级)英文课的学习内容。现在老二开始读中学,英语课精读的是《麦克白》,明年读《哈姆雷特》,这是中学毕业考试 GCSE 的必读书目。……"那你们读的是莎士比亚的

> 原著吗？中世纪的英语？"我问。……儿子听了我的
> 问题，露出很不理解的表情："如果不是原著，那还叫
> 莎士比亚作品吗？"他回答。"遇上不懂的地方呢？"我
> 问。儿子说："妈咪，那就是为什么我们有老师。"

莎剧是英国人莎士比亚用"中世纪英语"写的。英国读者从中小学便在老师的引领下阅读莎士比亚原著，即"原味儿莎"；一般中文读者则多从中译本接受（包括阅读、理解）莎剧。这是先天差距。

显然，这里我们要先搞清一个核心问题和铁定事实，即对于在非英文母语环境中成长起来的一代又一代中文读者，任何一个中译本都不等于"原味儿莎"，它们仅是不同译本之一，更何况，就算"原味儿莎"也还自有其微妙复杂的版本问题。换言之，"原味儿莎"不止一个。以朱生豪和梁实秋译本来说：

他俩的翻译底本都是1914年的"牛津版"，即"牛津莎"。中文读者要明白的是，在"牛津莎"之外，还有"河畔莎""阿登莎""新剑桥莎""皇莎莎"，以及美国前莎士比亚协会会长大卫·贝文顿编注的"贝文顿莎"等多种版本的"原味儿莎"。

一个时代应有一个时代之莎翁。这也是我从2012年起立誓许愿，要以一己之力新译莎剧的初衷。时光荏苒，倏忽十三载，目前已出版新译莎剧（"傅译莎"）二十九部，包括"四大悲剧""四大喜剧""十大历史剧"等；出版莎研专著四部，包括《天地一

莎翁：莎士比亚的戏剧世界》《戏梦一莎翁：莎士比亚的喜剧世界》《俗世一莎翁：莎士比亚的史剧世界》《戴面具的伊丽莎白：莎士比亚戏剧中的真历史》。

　　亲爱的读者，衷心希望您与莎士比亚交朋友。

　　与莎相伴，终身受益。天长地久，莎翁不朽！

2025 年 3 月 18 日

目 录

身世之谜

时代的灵魂。……

舞台的奇迹。……

你的艺术是永恒的纪念碑，

只要你的书在，

你就永远的活着。……

他属于千秋万代。

——［英］本·琼森

一个"乡巴佬"

如今,莎士比亚戏剧早已成为文学经典群山中的珠穆朗玛峰。除了英语,莎翁全集有近百种语言的译本,勇夺全球文学译本语种数量之冠。显然,这个结果,莎翁在世时可真不敢奢求。

莎翁,这位生于英格兰中部沃里克郡埃文河畔斯特拉特福小镇,早在距今四百多年前的1616年就已去世的英国戏剧诗人,他的诗剧,或干脆说,这位乡野之人写的戏,有那么合乎我们的胃口吗? 或者,这么问一声:您能想象他只是一位"村夫"吗?

他的名声太响了! 随口问一个路人,请他说出世界上"最伟大"的五位作家,或者只让他说一位有史以来最伟大的剧作家,估计十有八九会说出"莎士比亚"这个名字。

这不足为奇! 可谁能知道,莎士比亚到底是谁呢? 他,没留下任何日记,同时代的人也没为他写过传记。其实,后人对这位英国国宝级诗人知之甚少。

俗话说,知人论世,我们不妨从诗人的降生说起。

斯特拉特福镇的圣三一教堂,因埋葬莎士比亚成为英国最热门的教堂之一,每年有近三十万游客专门来这里拜谒这位"埃文河畔的吟游诗人"(Bard of Avon)。

　　圣三一教堂的记事簿是记录莎士比亚受洗和埋葬的唯一文献证据,受洗记录用拉丁文书写——1564年4月26日,约翰尼斯·莎士比亚之子;埋葬记录用英文书写——1616年4月25日,威尔·莎士比亚先生。值得注意的是,诗人出生时,拉丁文还是英格兰的通用语言,到诗人去世,英语已为主流。

　　莎翁的小名叫"威尔",十分普通、毫不起眼。他出生时谁也不会想到,他未来会以诗剧的方式为英语做出超凡卓越的贡献,甚至被尊为"英语之父"。

　　按英格兰宗教习俗,婴儿出生后三到五天,要去教堂接受洗礼。换言之,诗人的受洗日期是"4月26日",往前推,他的生日可能是21日、22日或23日。

　　那为什么一定要把诗人的生日定在4月23日呢? 简单说,这也是后世对莎翁神话化的结果,原因有三:一、这一天是英格兰守护神圣乔治纪念日(St. George's Day);二、当地传说,这是一年中夜莺第一次在斯特拉特福歌唱的日子;三、诗人在这一天去世。

　　这么一来,不仅可以使大文豪莎士比亚生死同日,还能让他的诗剧与国家结缘。

　　从仅存的材料获知,威尔的父亲约翰是一位羊毛商人和手套制造商,约于1557年,与信奉天主教的姑娘玛丽·阿登结婚。夫妻俩生了八个孩子,威尔排行老三,存活下来四子一女,威尔最长。

　　威尔出生几周后,一场从伦敦袭来的"黑死病"(鼠疫)横扫斯特拉特福。据说整个镇子死了六分之一的人口,尤其是婴儿。威尔能活下来,算是奇迹。大难不死,必有后福。

莎士比亚一家死后全部安葬在圣三一教堂。奇怪的是,一家人都葬在主祭坛(神坛)前面。这种不合常规的入葬太少见了。这座教堂十分古老,在莎士比亚去世之前就已建造完成。可是没有人想到可以埋在神坛前。原来,莎士比亚靠写戏挣了大钱,在家乡买房置地,甚至把教堂这儿的一大片土地都买了下来,这样,自己及家人百年之后埋在哪儿、埋什么位置,就有了安排,也让后世之人有了瞻仰、悼念的去处。

"从小康人家坠入困顿"

如果说，一个人的童年注定了未来的命运，那我们仅能通过有限的资料来了解威尔的童年。

威尔的父亲，一个住在亨利街上的羊毛商人和手套制造商，几乎没受过什么教育，文化程度仅限于记账。不过，从威尔母亲娟秀的签名可知，在玛丽·阿登的物品中，至少有一支书写流畅的鹅毛笔。难怪后世有一版《莎士比亚全集》要叫"阿登版"。

不过，如果非要从这对母子身上挖掘出一个关于威尔文化基因异常强大的说法，也只能是，威尔成年之后"伦漂"帝都、闯荡伦敦写戏时，用的是鹅毛笔。

俗话说，女人和小孩儿的钱最好赚，从古至今都没变过。手套在中世纪已成为女性的必备饰品，经营手套的买卖在当时稳赚不赔。

威尔家楼下便是父亲约翰的手套作坊。他从小便对手套的制作流程十分熟悉，羊毛、手套，是他脑子里挥之不去的印记。关于羊毛的生意经，威尔记得很清楚，他在《冬天的故事》第四幕第二场，透过剧中乡下人之口说："让我算一算：每十一只阉羊出二十八磅羊毛；每二十八磅羊毛可卖一镑几先令；剪过的羊有一千五百只,共有多少羊毛?"(意即"每十一只绵羊可以产二十八磅羊毛,值二十一先令,那么一千五百只羊的羊毛,合计一百四十三英镑"。)

就算写爱情悲剧《罗密欧与朱丽叶》,他也不忘在剧情中拿手套打比方,当罗密欧在凯普莱特家后花园看到朱丽叶出现在窗口,由衷赞美她是"东方的太阳",随后是一大段诗意独白,紧接着又以诗句抒发感慨:"她的眼睛把一片天空照得如此明亮,/安睡的鸟儿以为黑夜已过开始歌唱;/看,她倾斜着身子用手托着面颊!/啊,我只愿化作她那只手套,那样我便可以抚摸她的面颊!"罗密欧看到伏在窗前的朱丽叶,注意到她"托着面颊"的手戴着手套!所以,他也要"化作她那只手套","那样我便可以触碰她的面颊!"这一精妙的比喻,让我们感受到莎翁笔下的诗意浪漫竟可以如此鲜活。

除了做手套、买卖羊毛,关于威尔的父亲约翰,我们所知甚少。有据可查的是,他经商赚钱之后,曾担任镇议会议员,还短期当过镇长(或称"高级执行官")和治安官。1570年,六岁的威尔要上小学了,这时,约翰因放贷违法被罚款,家道开始中落。祸不单行,两年后,因国王的枢密院取缔非法买卖,终止了对羊毛交易的授权,约翰又被指控非法买卖羊毛。为还债,约翰不得不将部分家产做抵押。同时,为躲避债主,他不再参加英格兰国教的礼拜活动。当然,他这样做,更大的可能是,他骨子里是一名天主教徒。换句话说,他在已经是"新教"的天下,却对"旧教"

旧情难舍。这其实正是哈姆雷特必须面对的抉择："To be, or not to be, that is the question."除此之外,约翰向英格兰纹章院提出授予他一个盾形纹章的申请被驳回,最终,他因习惯性缺席区议会,遭议会开除。

关于约翰和威尔这对父子,后世传记作者常喜欢这样描述:人生走了背字儿的约翰,仍然面带快乐的微笑,一边在自家店里干活,一边努力与老婆生下更多儿子。同时,正在家门口附近文法学校读书的威尔,凭借一己之力扛起家族的荣誉。

拉丁文教育与文学想象力

能想象吗？莎士比亚青少年时代的英格兰,正规教育是拉丁文的天下。理由很简单,拉丁文是上流社会和国际交往的语言,说英语的全都是土老帽儿。因此,小学高年级的男生根本不许说英语,所有家庭也都希望自家孩子能说一口流利的拉丁文。还有很重要的一点,对于天主教徒来说,拉丁文是"与上帝沟通的语言"。威尔的父母都是天主教徒。

距威尔家只有三百码远的斯特拉特福镇文法学校,没留下任何关于威尔的记录。因此,对于"威尔是否上过这所学校？几岁入学？学过几年拉丁文？"等问题,只能推测出两种可能性。

第一种可能性,按威尔的小康家境,他就近在这所文法学校接受免费教育(当时,女孩子还被排除在教育之外)。既然如此,威尔每周上六天课,夏季每天从早上六点(冬季从早上七点开始)到下午五点半,上午十一点放学回家吃午饭,课程有拉丁文、英文与拉丁文互译、背诵拉丁文诗歌和散文,还有《圣经》文本分析等。

或许任何一个正当调皮捣蛋年纪的男孩子,都最讨厌死记硬背的课程。可能由于这个原因,莎士比亚在写喜剧《皆大欢喜》时，特意在第二幕第七场中，借忧郁的、有哲学头脑的杰奎斯之口，表达出在求学阶段谁也逃不掉的苦衷："哭哭啼啼的学童，背上书包，脸上闪着晨光，像蜗牛爬似的极不情愿地去上学。"那时老师体罚学生罚得很厉害，说不好拉丁文的学生会挨鞭子。

第二种可能性，威尔在这所文法学校学了八年拉丁文，同时学习语法、逻辑和修辞，可能还学了普劳图斯、特伦斯和维吉尔等古罗马诗人、剧作家的诗歌、戏剧。

古罗马大诗人奥维德的《变形记》堪称少年威尔的最爱。开始写戏以后，他经常把《变形记》的拉丁文原著，与比他年长些的翻译家亚瑟·戈尔丁的《变形记》的英译本对照阅读。毫无疑问，这部《变形记》是《仲夏夜之梦》《罗密欧与朱丽叶》等早期莎剧重要的素材和灵感来源。

假如威尔真受过八年正规的拉丁文教育，他的拉丁文语言功底应十分厚实才对。但据他的朋友，在他去世七年后的1623年为"第一对开本"《威廉·莎士比亚先生喜剧、历史剧和悲剧集》题献词的剧作家本·琼森所说："莎士比亚拉丁文懂得不多，希腊文会得更少。"

如果真是这样，难道莎士比亚压根儿没读过文法学校？莎士比亚的拉丁文是自学成才？有关莎士比亚的悬疑不少，这只是其中之一。

不管怎么说，威尔的文学想象力最早源于拉丁文诗歌，从他早期悲剧《泰特斯·安德洛尼克斯》里能找到奥维德、塞内加和罗马历史学家们的影响；从《哈姆雷特》《奥赛罗》《李尔王》《麦克白》这四大悲剧每一部无一例外"流血"的结尾，都能看到塞内加擅长的"流血悲剧"的影子。

与大八岁的女友奉女成婚

　　从伦敦马里波恩火车站,乘火车前往"埃文河畔斯特拉特福"十分方便。出站后,不用手机导航,跟着人流顺大街步行,很容易便找到那尊立在亨利街口的"小丑"雕像——《皆大欢喜》中的"试金石"。在这一站下车的人,大多冲着威尔出生的房子而来。莎翁故居就在亨利街上。

　　先在"莎士比亚中心"买票,票分两种:全票(五联票)包括五个景点——故居(Shakespeare's Birthplace,莎士比亚出生地)、"新地"("New Place",莎士比亚写戏挣了大钱之后买下的带两个花园、两个谷仓、十个壁炉的豪宅)、霍尔园(Hall's Croft,莎士比亚女儿苏珊娜和女婿霍尔的家)、安妮小屋(Anne Hathaway's Cottage,莎士比亚夫人的娘家)、玛丽·阿登的都铎式农场(Mary Arden's Tudor Farm,莎士比亚母亲的家);普通三联票只包括前三处景点。

　　由于大多数游客会选择早出晚归,从伦敦出发,当天往返,一天的行程十分紧张,只能割舍后两处景点:从故居步行去安妮小屋至少需要半个小时;从故居开车去阿登的都铎式农场至少要十五分钟,而且公共交通十分不便。

如果时间允许,建议大家一定要去安妮小屋！那里留存着威尔的爱情记忆。据说,威尔当年就坐在安妮家客厅壁炉旁的高靠背长凳上,向安妮求的婚。

来这儿之前,我一直以为这条长凳是五处景点中唯一留存下来的实物。来之后才发现,长凳上有一本摊开的小册子,上有两页说明,左页写着:"安妮弟弟巴塞洛缪之直系后人玛丽·贝克告诉来访者,安妮和莎士比亚坐在这儿情话绵绵。"右页写的是:"玛丽花六便士买下这条并非16世纪而更像18世纪的长凳。"谜底揭开了,长凳不是原物。

其实,按今天的说法,谁也不知道威尔和安妮是如何相识、相知、相爱的,留下的只有三个简单的事实。

第一,1582年11月,十八岁的威尔与比自己大八岁的安妮在镇上结婚了。按当时婚俗,男人一般会娶比自己小两岁的妻子,像威尔这样娶个年纪这么大的老婆的情况,实属罕见。

第二,夫妻俩的长女苏珊娜受洗时间是1583年5月26日,由此可知,安妮属未婚先孕,奉女成婚。这对一个天主教姑娘来说是件丢人现眼的事。因此,一直有这样一种猜测,说是正当年的安妮大姐勾引了尚未成年的威尔小弟,以孕逼婚。按当时法律,男性年满十九岁才算成年。

第三,婚后,小两口与约翰·莎士比亚一家人住在亨利街。1585年2月2日,夫妻俩的一对龙凤胎哈姆尼特和朱迪斯受洗。

1585年,二十一岁的威尔离开了与他结婚三年的妻子和三个孩子,前往伦敦,由一个乡下人变成一名"伦漂"。他的梦想十分简单:想挣快钱,过上好日子。

那么这对结婚三十四年的老妻少夫是否感情和睦,人们几乎全从1616年1月威尔拟写的那份遗嘱来推测。简单说,因为儿子哈姆尼特早于1596年十一岁时病逝,莎士比亚在遗嘱中把所有财产都留给了长女苏珊娜,给次女朱迪斯和几位至亲、朋友各留一份财物,而留给妻子安妮的只有家中那张"第二好的床"。如果夫妻感情好,为什么丈夫立遗嘱时连"第一好的床"都舍不得留给发妻? 人们由此推测:莎士比亚早烦死这个老婆了!

我忘不掉2017年9月18日! 这天,我在参观莎士比亚的"新地"豪宅时,特意请教了一位义工对这句遗嘱怎么看。义工不打磕巴张嘴就来:"那是他们的婚床,是他们夫妻感情最好的纪念!"言外之意:五十二岁的老威尔心里明白,把财产留给一个六十岁的老太婆毫无用处,不如让她在自己的婚床上安享晚年。

谁能说得清呢!

"祥子进城",混在伦敦

涉及莎士比亚生平的材料十分匮乏,许多细节无从了解,这当然有利于民间编织出关于青年威尔的神话。比如,有一则故事流传甚广,说约翰·莎士比亚是位屠夫,威尔在学习屠宰小牛的时候,会先高调发表一番演说。而且,威尔曾因偷猎乡绅托马斯·路希爵士的一头鹿而被起诉,还很可能遭到了鞭打。

关于威尔年轻时偷猎人家的鹿并遭鞭打的事,早已被"莎迷"们当真,传得有鼻子有眼,仿佛亲眼所见一般。"莎迷"们说他跟几个酒肉朋友偷偷潜入当地治安官路希爵士位于斯特拉特福四英里以外的鹿苑,偷猎鹿和兔子,多次被抓,多次挨打,在家乡实在没脸混下去,只好去了伦敦。

故事到这儿还没完,说威尔为了报复路希爵士,用尖酸刻薄的下流话编了一首打油诗《讨厌的路希》,并把它钉在高处。这首胡编的打油诗对路希的人品和他老婆的名誉发起攻击,迫使这位有权有势的乡绅一度离开镇子躲避羞辱。

再到后来,这个故事变得更神乎其神,说威尔为逃避因偷鹿带来的可怕惩罚,只身来到伦敦,举目无亲,穷得叮当响,靠给剧场看门,给没带仆人来看戏的人牵马,挣点活命钱。慢慢地,这位被人唤作威尔·莎士比亚的服务生因特别有眼力见儿出了名，以至于只要有威尔在，看马的差事谁也抢不走。

通过了解以上传说，后人似乎有理由对路希爵士家的鹿心怀感激。试想：如果威尔不是作为一名偷猎者遭受鞭打，他怎么舍得离开家乡？

另外，有人说，这首失传的《讨厌的路希》堪称莎士比亚的处女诗作。据说，在整个18世纪，这首打油诗出现多个不同版本，直到后来有人质疑路希爵士是否真的有过鹿苑。

其实，莎士比亚并没偷猎过谁家的鹿！更重要的是，路希是位德高望重、为人和善的治安官，甭说路希没有供威尔偷猎的鹿苑，即便他有带围栏的私家鹿苑，又抓住了盗猎者，也不可能对盗猎者进行鞭打，那属于滥用私刑。

当然，就像如果没有信谣之人，造谣者肯定会失业一样，时至今日，仍然有人活灵活现地描述着莎士比亚如何偷了路希爵士的鹿，好像讲述者的远祖曾亲自跟威尔一起参加过每一次盗猎。

一句话，威尔去伦敦，并非迫于偷猎、挨打、避风头，而是迫于现实的生活窘境，按眼下的通俗说法是：父亲为还债抵押了田产；"高中"（文法学校）毕业找不到工作，在家待业；还要养活老婆和三个孩子。

简言之，为了自己和一家老小的生计，威尔只剩下"伦漂"这一条路——"祥子进城"，混在伦敦。

乡下小戏迷"伦漂"帝都

1569年,斯特拉特福镇第一次迎来伦敦的剧团——"伊丽莎白女王供奉剧团"。那时,威尔的父亲还担任镇长。因此,五岁的小威尔很可能看了"女王剧团"下乡巡演的历史剧《高布达克的悲剧》。这部写于1561年的戏,是一部讲述中古英格兰国王高布达克把国土分给两个儿子导致内战的悲剧。熟悉莎剧的读者,会由国王划分国土一下子想到《李尔王》的开场戏:老李尔给三个女儿分国土。

后来,经常有伦敦的剧团来镇上演戏,据史料记载,至少有以下剧团到斯特拉特福镇巡演过:"斯特兰奇勋爵剧团""埃塞克斯伯爵剧团""伯克利勋爵剧团""伍斯特伯爵剧团""牛津伯爵剧团""莱斯特伯爵剧团""斯塔福德勋爵剧团"等。

总之,年复一年,威尔由看戏开了眼,逐渐成为一个地道的小戏迷。或许在这个时候,他心里已经萌生了日后演戏甚至写戏的想法。

至于威尔离开家,有两个可能性:一个是下乡巡演的莱斯特伯爵剧团缺人手,他便跟着剧团去了伦敦;另一个是威尔作为临时演员随巡演剧团到了伦敦。

　　一句话,1587年,二十三岁的威尔只身闯京城。刚到伦敦时,威尔很可能只是一名受雇的演员,为了有戏可演,什么小角色都不拒绝。因此,在一个演出季,每天各种剧目循环上演,他要学会演一百来个小角色。

　　显然,演员经历对威尔写戏至关重要,这让他懂得舞台,哪怕在他后来成为宫务大臣剧团(The Lord Chamberlain's Men)的头牌编剧和大股东之后,只要有机会,或者来了兴致,他便会登台亮相,客串个什么角色过戏瘾。他演得最著名的一个角色,是《哈姆雷特》剧中在炼狱里饱受硫黄火煎熬的老国王的幽灵。

　　一份最新分析数据显示,莎士比亚可能还演过《哈姆雷特》"戏中戏"里的演员甲、《仲夏夜之梦》里的提休斯公爵、《泰特斯·安德洛尼克斯》里的黑人亚伦、《第十二夜》里的安东尼奥,甚至还有《特洛伊罗斯与克瑞西达》里的尤利西斯等各式各样的国王、老人,以及合唱队成员。比如,他演过《罗密欧与朱丽叶》里的劳伦斯修道士和合唱队成员,还出演过《理查二世》里的"冈特的老约翰"和园丁。

　　除了在自己的戏里饰演角色,威尔出演过本·琼森的《个性互异》和《西亚努斯的覆灭》。

　　按英国文学史家约翰·奥布里的说法,威尔的演技十分出色。

十大幸运：大难不死，必有后福

一幸。威尔出生两个月后，躲过一场由伦敦传来的席卷斯特拉特福的黑死病。

黑死病，即鼠疫，今人难以想象那时候它有多可怕！

人类历史上有过三次超级鼠疫：第一次于公元542年至543年，发生在东罗马（拜占庭）帝国的首都君士坦丁堡，使查士丁尼大帝重塑帝国的美梦破碎；第二次超大规模鼠疫始于1346年，持续六年，直到1352年才消退，横扫整个中世纪的欧洲及中东地区，病死人口达两千万，鼠疫因此落下"黑死病"之黑名；第三次史上最大规模的鼠疫，始于太平天国时期的中国云南，随着人口流动，瘟疫蔓延，经由中国东南沿海经远洋轮船迅速传遍世界各地。据世界卫生组织分析，这场1959年才彻底终止流行的黑死病，共造成约两亿人丧生。

1347年到1722年，突如其来的鼠疫在欧洲流行过数次。包括英格兰王国在内的整个不列颠地区。1361年到1480年，每隔两到五年就暴发一次鼠疫，令人"谈鼠色变"。

俗话说，大难不死，必有后福，躲过这一劫的威尔，后福无穷！

二幸。威尔出生六年前的1558年，喜欢诗歌、戏剧表演和露天剧场的超级文青伊丽莎白一世加冕为英格兰女王。威尔成名后,很会讨女王欢心。

三幸。威尔出生三年后的1567年,由红狮客栈改建的伦敦第一家提供定期戏剧演出的专业剧院红狮剧院开张。渐渐地,每年都有来自伦敦的剧团下乡巡演,小威尔对戏着迷,并不时被聘为临时演员客串角色。

四幸。16世纪末,伦敦的戏剧规模已十分可观,剧作家近一百八十人,可供演出的剧本近五百部。

五幸。1587年,威尔作为临时演员随下乡的某巡演剧团"漂"往帝都伦敦,开始在剧场打杂、受雇演戏,前后共饰演过近百个临时角色。1588年,英国海军以弱胜强打败西班牙无敌舰队,威尔目睹伦敦人狂热的爱国豪情,开始构思历史剧。

六幸。当时没有《著作权法》,书商印书只需在书业公会注册登记,之后自己掏钱印,无须付作者半毛钱稿费。另外,来剧场看戏的观众丝毫不关心上演的是不是原创戏,剧作家更不用担心自己的剧作因不是原创而被指责抄袭、遭人诟病。这使威尔写得又快又多,素材来源也好,原型故事也罢,凡可一用的材料,拿来便是,毫不客气。因此,每部莎剧都有一个或多个"原型故事"。威尔从许多"债主"那儿借过"原型故事",然而,随着时间推移,后人只记住了威尔,甚至以为所有莎剧都是威尔创造的。因为若不钻研一番,既没人知道那些"债主"是谁,更没人操心威尔当初怎么借了那么多"债"。

七幸。1599年，威尔所属的宫务大臣剧团的专有剧场——环球剧院在泰晤士河南岸南华克区落成开张，莎士比亚的戏剧时代正式开启。

八幸。威尔是造词大师，他在全部剧作中共创造了三千多（有的说近五千，也有的说近一万）个英语新词或短语，成为中古英语通往现代英语的桥梁，对英语语言的贡献前无古人后无来者。当时英语的拼写和句法结构极不规范，拿威尔自己的名字"William Shakespeare"来说，因为少写一个或几个字母都不算错，其拼法竟有八十三种之多，令人瞠目。再者，许多词汇一经威尔造出来，便传之后世而不朽，如 eyeball（眼球）、puppy-dog（小狗儿）、catch a cold（感冒）、hobnob（共饮，交谈）、dauntless（无畏的，勇敢的）、lackluster（暗淡的，无光泽的）、besmirch（诽谤，玷污）、assassination（暗杀，行刺）、break ice（破冰，即打破坚冰，打破僵局）、see better days（交上好运，过上好日子）、eat out house and home（"吃掉房屋"，即"倾家荡产"）、hoist with his own petard（自食其果，作茧自缚，害人不成反害己）……不胜枚举。威尔占了可以随便造词的天大便宜，如今许多学英语的人，却要被他硬造出来的词和短语捆住手脚，哪怕拼错一个字母都算错，认命吧！

九幸。作为剧团大股东之一，威尔对出版剧作毫无兴趣，他只关心演出的票房红利。因此，如果没有威尔的两位剧团同事约翰·赫明斯和亨利·康德尔，在他去世七年之后的1623年为他搜集、编辑、出版"第一对开本"《威廉·莎士比亚先生喜剧、历史剧和悲剧集》，很可能有一半甚至一多半我们今天看到的莎剧，势必像那些"原型故事"一样遗失在历史的黑暗处。

十幸。没受过高等教育的威尔，其剧作是由通俗之作被后世经典化为文学的绝世典范。在启蒙现代德国文学的"狂飙突进运动"中，威尔成了"德国文学之父"；到了维多利亚女王时代（1837—1901），威尔被誉为英国的"民族诗人"。

莎士比亚
戏剧之谜

他，一个平民的儿子
登上了艺术的巅峰，
创造并统治着这个世界。
……
他善于用神圣的火焰
把我们重新塑造的更好。

—— [英] 约翰·弥尔顿

挑战:向"大学才子派"叫板

1587年,海军大臣剧团在刚建成不久的菲利普·亨斯洛的玫瑰剧院出演的无韵诗悲剧《帖木儿大帝》,是威尔来伦敦后看的第一部戏,作者是他的同龄人克里斯托弗·马洛。玫瑰剧院是伊丽莎白时代建于泰晤士河南岸的第一个专业剧院,比威尔后来所在的"环球剧院"早建了整整十二年,有英国"戏剧摇篮"之美誉。

虽说《帖木儿大帝》是马洛的第一部戏,但对刚到伦敦不久的威尔来说,这无疑是个刺激。据遗存的资料所知,威尔曾在玫瑰剧院打杂,做过演员,还曾协助编戏。不比不知道,一比吓一跳,威尔与马洛同为二十三岁,威尔是个没上过大学、刚进城的乡巴佬,而马洛是剑桥大学艺术硕士。

更大的刺激是,当时雄踞剧场的专业剧作家,都是受过高等教育且多出身名校的大学才子。罗伯特·格林、约翰·李利、托马斯·基德和克里斯托弗·马洛,并称伦敦"四大才子",都是玫瑰剧院的编剧主力。其中,马洛才情最高、成就最大。《帖木儿大帝》获得巨大成功之后,马洛又先后推出《浮士德博士的悲剧》和《马耳他的犹太人》两部大戏。

这么说吧,到伦敦三年之后的1590年,当威尔摇着鹅毛笔开始写戏、崭露头角之际,马洛已是头牌剧作家,被誉为"诗剧的晨星"。

然而,对威尔来说,最大的困扰在于,这些傲慢的"大学才子"都瞧不起他,罗伯特·格林甚至在其《一文钱的智慧》一书中,对他指桑骂槐:"我们的羽毛美化了一只自命不凡的乌鸦,他以'一个女人皮囊里包裹着一颗老虎的心',自以为能像你们中的佼佼者一样,浮夸出一行无韵诗;一个剧场里什么活儿都干的杂役,居然狂妄地把自己当成国内唯一'摇撼舞台之人'。"

骂得真够狠的,格林暗指莎士比亚是一个剽窃者和乡巴佬。的确,威尔写戏常从才子们的剧作中"借"灵感一用,比如"一个女人皮囊里裹着一颗老虎的心"出自莎剧《亨利六世》(下篇)第一幕第四场第138行。显然,"摇撼舞台之人"(Shake-scene)是格林对威尔这个"挥舞长矛之人"(Shake-speare)的肆意羞辱,因为莎士比亚的名字恰好由"挥舞"(shake)与"长矛"(speare)两词组成。

说实话,莎士比亚受马洛影响很大,甚至在喜剧《皆大欢喜》中直接引用了马洛的诗作《希罗和利安德》。可以说,马洛的影响渗透了莎士比亚的多部作品,甚至影响了莎士比亚整个创作生涯。不过,两人比起来,莎士比亚有一大优势,就是他演过戏,对角色的感觉更丰富,而马洛则没有舞台经历。

1593年5月30日,马洛在德特福德的一间小屋中死去,有人说起因于酒馆账单纠纷引发的争吵,被人刺伤身亡;有的干脆说,马洛是间谍,死于谋杀。

1594年,莎士比亚开始"撼动"舞台,他的《泰特斯·安德洛尼克斯》轰动一时,玫瑰剧院六天内上演三场,这在当时堪称壮举,因为一部戏在几个月内的平均寿命只不过是十几场。

1602年,与威尔在宫务大臣剧团做过同事、曾红极一时的丑角演员威廉·坎普,对这时已写出《哈姆雷特》的威尔赞誉有加:"念过大学的人很少能把戏写好,他们谁都不如我们的伙计莎士比亚写得好。"

单挑：与克里斯托弗·马洛PK

1586年，一位名叫鲁伊·洛佩兹的葡萄牙裔犹太人，成为伊丽莎白女王的私人医生。多年之后，这位御医卷入一场政治阴谋，遭人怀疑要寻机毒杀女王陛下。

1594年6月7日，在众多嘲讽挖苦的民众围观下，洛佩兹被绞死、剖腹、肢解。为迎合和利用当时伦敦人对洛佩兹及所有犹太人的仇视情绪，海军大臣剧团特意选这个时候，将马洛在审理洛佩兹案期间创作并上演的《马耳他的犹太人》再度上演，连演十五场，场场爆满。

这么火的一部戏，让莎士比亚起了单挑飙戏的念头。他当然知道，洛佩兹(Lopez)与拉丁语"狼"(loup)谐音双关，这个名字有"犹太狼"的字义。因此，他在《威尼斯商人》第四幕第一场法庭戏中，叫格拉西安诺这样讥讽夏洛克："你这狗一样的心灵，定是前生从一颗狼心投胎转世，那狼吃了人，被人捉住绞死。"很明显，这头"被人捉住绞死"的"狼"，暗指"洛佩兹"。

撇开洛佩兹，威尔要从马耳他的犹太人巴拉巴斯这个人物身上挖掘出一个新的犹太人形象——夏洛克。同时，不难发现，莎士比亚在《威尼斯商人》中用夏洛克的女儿杰西卡强化喜剧效果这一处理方式是直接借鉴马洛的。为进一步单挑马洛,更为吸引观众眼球、多卖票,《威尼斯商人》最开始的剧名叫《威尼斯的犹太人》,而且这个剧名在许多剧团的剧目上一直沿用到18世纪中叶。

简单对比一下马耳他和威尼斯的两个犹太人。《马耳他的犹太人》以庆祝巴拉巴斯得到金银、丝绸和香料等大量财富开场;《威尼斯商人》虽也在一开场便引出基督徒商人安东尼奥的货船满载丝绸、香料,但安东尼奥"情绪低落",因为在他心底,所有这些身外财富跟他与好友巴萨尼奥的感情比起来,显得微不足道。正因如此,后世一直有人,如诗人奥登,试图从同性恋视角来诠释安东尼奥与巴萨尼奥的友谊。

与夏洛克不同,巴拉巴斯的唯一目的是挣钱。在《马耳他的犹太人》中,财富是唯一驱动力。这在夏洛克的女儿杰西卡和巴拉巴斯的女儿阿比盖尔身上体现得最明显:夜色中的杰西卡将父亲的财宝装满匣子,扔给等候的情人洛伦佐,与他私奔;忠贞的阿比盖尔,则是在夜幕下从父亲家偷出被罚没的财宝,扔给父亲。

由下文亦可看出两个父亲对女儿的态度。夏洛克声嘶力竭地号叫:"我的女儿!啊,我的金钱!啊,我的女儿!"显然,夏洛克爱钱,也爱女儿。而巴拉巴斯得意扬扬、不无反讽地慨叹:"姑娘啊,金子啊,美丽啊,我的祝福啊!"这则透露出,他赞美女儿能为他守住钱财。两种滋味,各有千秋,但在挖掘人性上,威尼斯的犹太人夏洛克显然比马耳他的犹太人巴拉巴斯更胜一筹。

莎剧：无丑不成戏

小丑，无论是存在于字典里的词汇，还是活跃在戏剧舞台上的角色，人们都不陌生。小丑的身影，在戏台、马戏团、嘉年华、儿童节目中随处可见。他们常以幽默滑稽的语言，加上俏皮夸张的肢体动作，扮怪、逗乐儿，制造热闹、喜乐的欢庆气氛。

从历史上看，小丑表演由来已久。据记载，早在公元前2500年，在古埃及的宫廷里，便有了专为法老表演的侏儒小丑。在古希腊、罗马的剧场里，小丑基本是"乡下傻瓜""粗人""农夫"那类形象。14—16世纪，小丑在阿兹特克人中深受欢迎。中世纪欧洲，一些王室、贵族开始特许那些常在集市演出或巡演的小丑，进入宫廷或到家宅府邸进行表演，给沉闷的王室宫廷和贵族之家带来开心和欢愉。

当时，小丑基本分两类：一类是给古埃及法老王表演的侏儒，他们天生愚笨或身有残疾，全靠先天缺陷的身体、古怪的长相，或怪诞的行为，或满口粗言秽语，逗人开心，供人取乐；另一类则是前者的历史衍生物，他们身怀绝技、机敏过人，主要是刻意戏仿前者，从中汲取灵感，凭借超凡才艺，以纯粹的表演制造娱乐消遣。

这几乎是舞台上小丑形象的雏形。这类小丑,虽说最初全凭一套说笑本领入行,却必须貌丑心智高,具备相当的智慧才情,讲话糙但理不俗。

由于人们通常认为,中世纪的小丑都身穿光鲜亮丽的彩衣,头戴稀奇古怪的羊角帽,有的还在帽角挂上铃铛,直到今天,舞台上或马戏团里的小丑,仍在服饰穿戴上刻意戏仿着小丑界的前辈。在中世纪当一个小丑十分不易,不仅得吹拉弹唱说故事、特技杂耍变戏法样样精通,还得会讲笑话,尤其是荤段子。这类表演多具有喜剧风格,许多小丑表演时,还会顺嘴拿眼前众人皆知的一些人或事当笑料,或反讽调侃,或插科打诨。

小丑作为一种艺术形象,最早出现在十二三世纪的英国宗教剧中。随着时间的推移,小丑逐渐从剧中无足轻重的小人物,变成一种职业,有的小丑摇身一变,成为宫廷和贵族之家中专门制造笑料的弄臣或特殊仆人。他们身份卑微,却有着娱乐的职业精神。更重要的是,他们拥有君王或贵族特许的权利,可以用贬损带刺儿的话直谏"犯上"但免受处罚。最典型的一个例子莫过于1340年,英国舰队在斯鲁伊斯海战中将法国舰队歼灭,没人敢把这个天大的坏消息告诉法国国王菲利普六世。最后,是国王的小丑以机智的俏皮话说出实情:英国水手的"内脏甚至不像我们勇敢的法国人那样往水里跳"。

小丑:从宫廷到戏台

从语源学上考察,英语中对"jester"(小丑)一词的现代应用,出现在16世纪中叶的都铎时代。这个现代词,源于更古老的盎格鲁-诺曼语(法语)中的"gestour"或"jestour",意即"说书人"或"吟游诗人"。其他早期的这类词汇,还包括"fol""disour""bourder",均指"会杂耍、开玩笑,以喜剧方式娱乐观众的表演者"。而英语中的"clown"(小丑)一词,第一次有记载是在1560年,当时拼写为"clowne"或"cloyne",意思是"乡巴佬""粗人""农夫",与古希腊、罗马剧场里的小丑区别不大。

这个词到底从哪儿来的,并不确定,也可能来自斯堪的纳维亚语中的"clumsy"(笨拙的)。

有一点可以肯定,小丑作为一种文化,源于宫廷建立的小丑制度。在英国王室历史上,不少宫廷雇用过的表演者大都是职业小丑,有时也会雇"特许小丑"(licensed fools,意即持证上岗的小丑),表演内容包括音乐、说笑、动作喜剧。如果有人提议,小丑也会即兴表演杂技、戏法之类。

女王伊丽莎白一世的父亲亨利八世在位时,英格兰宫廷已建立起小丑制度。亨利八世雇过一位御用小丑,名叫威廉·萨默斯。萨默斯是那个时代最有名的宫廷小丑,尽管他获得特权可"犯上直谏",但有一次还是惹恼了亨利王,差点儿被国王亲手杀死。可见,小丑也不能由着性子浑不吝地作践国王。

亨利八世与萨默斯这种特殊的君臣关系,可以从《李尔王》剧中的李尔王与弄臣(小丑)的关系中寻到踪影。从萨默斯不难看出,这个时候,在英国宫廷和贵族之家,机敏过人的弄臣已经与国王和贵族们建立起一种特殊而有趣的君臣或主仆关系。萨默斯在伊丽莎白时代退休,于1560年6月15日去世。四年之后,莎士比亚出生。

英国宫廷的小丑制度一直延续到詹姆斯一世时代。1660年"王政复辟"以后,英王查理二世没有再将这一传统恢复。到18世纪,除了俄国、西班牙和德国,小丑已消失不见。

不过,这里说的小丑,专指"宫廷小丑",不是马戏团里的小丑。

需要特别指出的是,在女王伊丽莎白一世统治时期,也就是莎士比亚生活的时代,进宫做弄臣,给贵族当小丑,成为一种流行趋势。因此,把弄臣、小丑植入日渐兴起的戏剧中,使他们成为舞台不可缺少的角色,变得十分自然。何况,作为戏剧角色的小丑,可以完全挣脱现实束缚,表演起来更加鲜活灵动,甚至可以对同样作为戏剧角色的国王、贵族,以及宫廷政治、社会腐败、宗教流弊等进行毫不留情的嘲弄和抨击。

小丑在舞台上,不会真掉脑袋。

《皆大欢喜》中的试金石和《第十二夜》中的费斯特是喜剧里

轻松活泼的小丑,《李尔王》里的弄臣则是悲剧中睿智深邃的"傻瓜"。无论喜、悲,他们都是一面镜子,他们貌似荒唐的傻话里,常透露出现实社会的顽疾、错乱与荒谬。小丑的作用在于提醒观众,他们讽刺、挖苦、取笑的是那些被小丑犀利的"傻话"之箭射中的人和事。正如《皆大欢喜》第五幕第四场中老公爵对试金石的评价:"他的傻气活像一匹掩护马,他把机智藏在马底下射出去。"

他们一旦从舞台获得特许,有机会成为拥有话语权的"傻丑",便极力发挥这一作用,把自己变成现实世界的反叛者或现有秩序的批判者。当然,为迎合一般观众的口味,舞台上的他们,更多时候施展的还是小丑的看家本领:插科打诨,耍贫斗嘴,满嘴荤段子,或荤言素语的性双关语。

理查·塔尔顿、阿明与莎剧小丑

　　1588年9月去世的理查·塔尔顿是伊丽莎白时代最为人知、最受喜爱的宫廷小丑。他脑子快,会脑筋急转弯,能随口编出韵体的滑稽打油诗——俗称"塔尔顿体"。他多才多艺,集舞蹈、音乐、击剑于一身。他还会写东西,出过一些小册子,其中之一是1580年印行的《伦敦地震纪实》。1592年,他生前所写的一部多幕剧《七宗罪》曾流行一时,可惜已经失传。同时,他也登台表演,1583年,曾在帷幕剧院与女王剧团有过合作。1600年,有人把他的俏皮话和搞笑段子编成《塔尔顿笑话集》出版。

　　不用说,塔尔顿凭借宫廷小丑这一特殊身份,推动了伊丽莎白时代的剧院发展,也为莎士比亚戏剧预设好了舞台。从时间上看,莎士比亚的青少年时代正是塔尔顿活跃在宫廷和舞台的这一时期。塔尔顿去世两年后的1590年,莎士比亚第一部戏——历史剧《亨利六世》(中)问世。

　　也许,1600年《塔尔顿笑话集》印行的时候,莎士比亚正准备动笔写《哈姆雷特》。《哈姆雷特》第五幕第一场:墓地,掘墓人一边挖墓,一边跟哈姆雷特聊天。掘墓人抛上一颗骷髅,说"这是国王的小丑约瑞克"。哈姆雷特手拿约瑞克的骷髅,说了一大段独白,慨叹这个伶牙俐齿的小丑活着的时候在国王面前活蹦乱跳,"有一肚子讲不完的笑话",如今却变成"令人憎恶""龇牙咧嘴"的骷髅,"没留下一个笑话"。

也许,哈姆雷特独白中提到的小丑约瑞克,指的就是塔尔顿。不妨推想一下:莎士比亚在给哈姆雷特设计这段台词时,脑子里浮现出塔尔顿的身影,不久之前,他还那么活蹦乱跳地给女王讲着"戏谑的笑话"。如果真是这样,那便是莎士比亚有意唤起对塔尔顿的记忆。

从艺术上来看,塔尔顿本人为莎剧《皆大欢喜》里的试金石、《第十二夜》里的费斯特、《李尔王》里的弄臣这三个不朽的小丑形象,提供了绝好样本。《皆大欢喜》里的试金石是弗雷德里克公爵的宫廷小丑,他身上闪耀的睿智光芒让人眼前一亮。在这个"试金石"之前,英国舞台上从未有过如此出彩的小丑。《第十二夜》里的费斯特是典型的职业小丑,他受雇于伯爵小姐奥利维亚,听命于主人,并为主人开心解闷,这是他谋生的饭碗。

无论是试金石,还是费斯特,他们必须在剧情需要的时候表演得傻气,用今天的话来说,必须故意卖萌装傻。其实,这两位活宝一点儿都不傻。比如,《皆大欢喜》第五幕第一场,试金石对情敌、乡下人威廉说:"我现在想起一句俗话,'凡傻子都自作聪明,聪明人才晓得自己是傻子'。"《第十二夜》第一幕第五场,费斯特说:"与其做一个愚蠢的聪明人,还不如做一个聪明的傻瓜。"

在此,需要提及莎士比亚宫务大臣剧团的同事、好友罗伯特·阿明。如果说,莎士比亚照着塔尔顿的"丑样"写活了剧本里的试金石和费斯特,阿明则在舞台上演活了这两个睿智、自信的"傻丑"。

1600年,威廉·坎普离开剧团之后,阿明成为剧团里的台柱子。坎普的小丑表演,继承了塔尔顿的风格,走粗俗路线。阿明虽曾向塔尔顿拜师学艺,却对丑角有一种非同寻常的理解,他的表演方式是将中世纪道德剧中的反面形象"罪恶",同游吟诗人和业余的"失序之王"①融为一体。他所饰演的小丑是塔尔顿式小丑的豪华升级版。

《皆大欢喜》中的试金石是一个俏皮的、最会逗趣的小丑,他的许多段滑稽的独白十分灵妙;《第十二夜》中的费斯特是一个淘气的、最会恶作剧的小丑,他假装牧师捉弄马伏里奥那场戏非常精彩;《李尔王》中的弄臣则是一个富于胆识、极具智慧,同时对主人忠诚不渝的小丑。李尔王犯了错,他敢于批评直谏,并抓住时机,无情讥讽其昏聩的行为。当失去王位的李尔发了疯,闯进暴风雨,小丑始终相伴,不离不弃,患难与共;他还时常深刻嘲讽现世的种种罪恶。这个"傻瓜"令人肃然起敬,

---

① 原文为"Lordof Misrule",指中世纪主持圣诞节狂欢活动的人。

心生仰慕!

　　从艺术上说,这两部喜剧和一部悲剧里的三个"傻瓜",是莎
士比亚塑造得最圆熟且最具悲剧力的小丑形象。阿明通过极具
天赋的表演,为莎剧舞台增添了活力。不妨推想,这三个"傻瓜"
是莎士比亚专门为阿明私人定制的。

两个"威尔"：坎普与莎士比亚

　　说到威廉·莎士比亚这个威尔，绕不开另一个"威尔"——威廉·坎普。正如前文所提到的，他是伊丽莎白时代擅长喜剧尤其是粗俗丑角表演的演员和舞者，也是早期莎剧中著名的演员之一，他的名字与包括福斯塔夫在内的几个莎剧角色紧密相连。

　　单说福斯塔夫，这是莎士比亚最著名的历史剧《亨利四世》（上、下）中最迷人的喜剧角色。不妨推测，福斯塔夫是莎士比亚专为坎普量身打造的。是否如此，虽无从知晓，但坎普的确因为演活了福斯塔夫及其他几个丑角，被视为上一代"伟大的小丑"理查·塔尔顿的当世传人。这应验了中国戏行里那句老话：千旦易得，一丑难求。

　　这是怎样一个"戏子"？

　　坎普于16世纪80年代中期出道，那时，莎士比亚刚由家乡来伦敦不久，还没开始写戏。坎普在与莎士比亚同年（1594年）加入宫务大臣剧团之前，跟过好几家剧团，曾远赴《王子复仇记》[①]的故事发生地丹麦的埃尔西诺进行巡演。或许，从未出过国的莎士比亚酝酿《哈姆雷特》时，还向坎普打听过埃尔西诺，尤

———————————

① 即《哈姆雷特》。

其是宫殿外哈姆雷特父王的幽灵出现的露台。

今天的人们难以想象，在莎士比亚成为剧团头牌编剧之前，团里的摇钱树是以跳"吉格舞"出名的坎普。坎普的吉格舞名气很大，影响久远，他于1603年去世，到17世纪，一段跳得有声有色的吉格舞，居然仍被称为"坎普式吉格"。

更令后人难以想象的是，位于伦敦城外东北远郊的肖迪奇区的广大戏迷，会自掏腰包买票去剧场剧院或帷幕剧院①观看宫务大臣剧团上演的舞台剧，主要包括早期莎剧。当时，比莎剧更吊戏迷胃口的，是坎普的丑角表演和吉格舞。

理解了这一层才能明白，那个时候，对于整个剧团，在正剧中专为坎普设计适当角色，甚至硬性插入他对某段正剧情节的戏仿，尤其突然加上一段几乎与剧情毫无关联的吉格舞，是票房卖座赚钱的绝招。哪怕莎士比亚心有不甘，但在他说话比坎普更有分量之前，也只能礼让三分。

因此，看早中期莎剧，甭管《无事生非》中的狱吏道格贝里、《罗密欧与朱丽叶》中的彼得、《爱的徒劳》中的考斯塔德，还是《威尼斯商人》中的兰斯利特·高波、《仲夏夜之梦》中的织工线轴，这一系列丑角都是莎士比亚特为坎普设计的。当然，从戏剧结构上看，至少《罗密欧与朱丽叶》中的彼得和《威尼斯商人》中的兰斯利特·高波这两个人物，纯属画蛇添足的艺术败笔。

---

① 前者为"The Theatre"，后者为"The Curtain"。

"吉格舞":坎普的拿手绝技

看字面,"吉格舞"有个"舞"字,便透着雅气。实际上,它是16世纪意大利的"即兴喜剧"的英国变种。

"即兴喜剧",又称"假面喜剧",它的前身可能是古罗马的"滑稽剧",也有可能从中世纪卖唱诗人或民间艺人表演的短剧演变而来。总之,它在英国一扎根,便成为一种混杂着剧情台词的连说带唱、连蹦带跳的粗俗表演,貌似是一种略带情节并配有肢体动作的滑稽喜剧,实际上就是一种荤段子配上猥亵的肢体动作的下流表演,属于"淫邪真人秀"。

吉格舞可一人独秀,也可多人表演,最多不超过五人。表演者按一定套路连唱带跳。坎普堪称吉格舞天才,无论是淫邪台词,还是荤段子,有的自己动手写,有的请人写,有的提前写好,有的随兴所作,在舞台上大玩"脱口秀"。

在此强调一句,在当时宫务大臣剧团租用剧场剧院和帷幕剧院不断进行商演的肖迪奇区,既年长又资深的坎普,作为剧团顶级大腕,声望远比编剧莎士比亚和其他演员大得多。那时的伦敦人,尤其是生活在底层且喜欢看戏的三教九流,可能有不知道莎士比亚的,但对坎普则无人不晓。

　　或许可以这样推测，坎普能大红大紫，不能说与演技无关。单以福斯塔夫为例，在《亨利四世》剧中，他是国王亨利四世的王子哈尔的放荡酒友，贪杯好色、蒙骗赖账、吹牛扯谎，常顺手牵羊、打家劫舍。他是一名没落骑士，但在他身上，中世纪骑士那种勇敢和荣誉至尊的观念早没了踪影。他虽整日沉湎酒色，却懂得如何靠溜须拍马和逗笑取乐来讨生活。要把这副德行的福斯塔夫演活并讨女王欢心，没点儿看家本事可不行。

　　宫务大臣剧团在1599年底搬到泰晤士河南岸的南华克区，建成专属自己的"环球剧院"之前，经常在肖迪奇区演出。当时，肖迪奇区堪称鱼龙混杂、藏污纳垢、淫秽放浪之所，酒馆、妓院、赌场林立，除了社会底层的居民，大都是酒徒、嫖客、妓女、流浪汉，以及一些不法之徒。试想，剧团要从卖浆者之流这样的俗众手里挣票房，舞台表演如不走低俗路线，不刻意迎合观众的粗俗口味，难免曲高和寡。

　　肖迪奇区如此厚实的俗众基础，为坎普提供了用武之地。他是吉格舞大师，这是戏迷们爱死他的唯一理由，戏迷们为他痴迷、疯狂。其实，好多坎普的铁杆粉丝对正剧毫无兴趣，他们有的进剧场只为看坎普，甚至有人会掐算坎普的出场时间，稍微提前一会儿进场。当得知某部戏中有坎普，并只在终场落幕前才表演时，他们就会专挑那个时间进场。还有人只对吉格舞着迷，看完吉格舞抽身便走。

凡对莎剧有点常识的人都知道,福斯塔夫是莎剧中颇具标签意义的喜剧人物之一,常与丹麦王子哈姆雷特和威尼斯商人夏洛克一起,并称莎剧三大最复杂的人物形象。遥想当年,一个饰演丑角的普通戏子被女王喜欢,可不是闹着玩的。

温莎:"风流娘儿们"不风流

在中国,朱生豪译为《温莎的风流娘儿们》的莎士比亚喜剧,由于"风流+娘儿们=温莎"的缘故,成为莎剧中有名的一部戏。也许,认真读过剧本的人并不多,关心英文剧名的人更少。其实,许多男人为表现男权至尊,都喜欢把剧名读成"温莎的风流娘们儿"。

这部戏原名 *The Merry Wives of Windsor*,梁实秋译为《温莎的风流妇人》,其中也有"风流"二字。台湾翻译家彭镜禧译为《快乐的温莎巧妇》,彭先生将"merry"解作"快乐的"。

1905年12月30日,生于奥匈帝国的作曲家弗兰兹·雷哈尔创作的轻歌剧《风流寡妇》在维也纳剧院首演,轰动一时。

其中,《风流寡妇圆舞曲》(*Merry Widow Waltz*)自此风靡欧洲,后传至全球,至今不衰。该曲又称《快乐的寡妇圆舞曲》或《晚会圆舞曲》。可见,"merry"一词,既"风流"又"快乐",但比起"快乐",人们似乎更爱"风流"。于是,"快乐的寡妇"一直"风流"下来。

《风流寡妇》堪称20世纪初的轻歌剧代表作,而这首《风流寡妇圆舞曲》乃剧中经典曲目。很有可能,朱、梁两位前辈当初将"merry"译为"风流",正是受了这首《风流寡妇圆舞曲》的影响。不过,仅从剧情来看,莎士比亚这部"温莎"剧,写的是一肚子坏水的福斯塔夫要勾引温莎镇上的福德夫人和佩奇夫人,结果受尽两位忠贞的夫人捉弄,自取其辱。这两位夫人一点儿也不风流。不开玩笑,这部戏该叫"温莎的风流福斯塔夫"。

　　不知从何时起,开始流行一个说法:《亨利四世》中的福斯塔夫太令人着迷,在宫廷演出时,把看戏的女王逗得风颜大悦。演出结束,女王便命莎士比亚务必在十四天之内再写一部有关福斯塔夫坠入情网的戏。

　　跟这个说法比起来,另一个说法显得更靠谱:1596年底至1597年1月的某一天,女王观看了《亨利四世》(下)。由坎普饰演的福斯塔夫令她开心不已,她跟陪她看戏的表弟亨斯顿勋爵乔治·卡里说,她很乐意在一部新戏里看这个"老坏蛋"谈情说爱。

　　1597年3月17日,亨斯顿勋爵被女王任命为宫务大臣,成为宫务大臣剧团新的庇护人。也就是说,莎士比亚1594年加入的剧团,如今成了亨斯顿剧团。因女王将在4月23日"嘉德勋章授勋日"向亨斯顿颁发嘉德骑士勋章,这位勋爵表弟为讨女王表姐欢心,命剧团编剧莎士比亚务必在两周之内写出一部关于福斯塔夫"谈情说爱"的新戏。

　　两个礼拜后,莎士比亚的奉命之作——五幕欢快喜剧《温莎的风流娘儿们》完稿交差,剧团迅速排练。4月23日,莎士比亚生日这一天,该剧在女王行宫温莎堡首演。

　　这是一部颇具娱乐性的闹戏,戏中的这个福斯塔夫与《亨利四世》(上、下)剧中的那个福斯塔夫仅名字相同而已。从剧情来看,那个活生生有趣好玩儿的福斯塔夫,已在《亨利五世》剧中忧郁而死。这个福斯塔夫是莎士比亚受女王之命,硬生生令其艺术地在"温莎"剧中复活。凡没读过《亨利四世》,从未领教过那个幽默的约翰爵士风采神韵的读者,或许会天真地以为,这个遭两位快乐夫人耍弄的愚笨的约翰爵士是莎士比亚匠心独运。

　　不是这么回事!莎士比亚写"温莎"时,至少借鉴了八个故事:14世纪佛罗伦萨作家塞尔·乔瓦尼·菲奥伦蒂诺《大羊》中学生勾引师母的故事,16世纪威尼斯诗人、作家乔瓦尼斯·特拉帕洛拉《快乐之夜》中一个情郎同时追求两位夫人的故事,《塔尔顿笑话集》中情郎错把幽会计划预先告知情妇的吃醋丈夫的故事,英国军人作家巴纳比·里奇笔下两个丈夫及其夫人的故事,英格兰民间关于"猎人赫恩"的传说及古罗马诗人奥维德《变形记》中亚克托安的故事,诗人、剧作家约翰·李利所写的希腊神话中牧羊人恩底弥翁的故事,16世纪意大利滑稽戏《嫉妒的喜剧》中的故事,1592年日耳曼公爵访问英格兰的故事。

　　也就是说,如果没有这八个原型故事打底,莎士比亚不可能在十四天之内赶出一部戏来;反过来,"温莎"剧再好不过地折射出,莎士比亚是一位旷世的天才编剧,他完全不在乎能否再造出那个福斯塔夫,而只在意能否在尽可能短的时间内编出一部以这个福斯塔夫为主角的讨女王欢心的闹戏。

　　说来并不复杂,莎士比亚凭其绝顶聪明的编剧头脑,轻易就从八个原型故事里提取出了"温莎"剧情:一条主线,即福斯塔夫同时爱上两位夫人,反遭耍弄、蒙羞受辱的故事;多条副线及插曲,即两个丈夫(一个坚信妻子贞洁、另一个猜忌嫉妒)及其夫人的故事;斯兰德与凯乌斯同时追求安妮·佩奇的故事;福斯塔夫给假扮成布鲁克的福德——"吃醋丈夫"提前透露跟福德夫人"幽会计划"的故事;福斯塔夫扮成"猎人赫恩",头戴犄角,遭"精灵们"百般羞辱的故事;埃文斯与凯乌斯决斗的故事;三个日耳曼人骗走嘉德酒店老板马匹的故事;芬顿与安妮·佩奇相爱,最后成婚的故事。如此,也不难理解,为何耍弄福斯塔夫的主线大戏在"温莎"全剧五幕共二十三场戏里只有三场(第三幕第三场、第四幕第二场、第五幕第五场)。理由很简单,莎士比亚深知在这个福斯塔夫身上榨不出多少油水,只能凭一连串副线故事与耍贫斗嘴的语言游戏撑起这部"欢乐"喜剧,向女王陛下交差。

从"肖迪奇"到"环球剧院"

不知是否与女王青睐福斯塔夫有关,坎普的成功及其在剧团的影响力在1598年达到顶峰。他是宫务大臣剧团五位核心演员之一,与莎士比亚和理查·博比奇、理查·考利同为剧团股东。博比奇被后世视为英国第一个伟大的戏剧演员,是那个时代环球剧院里最著名的演员。与莎士比亚和坎普一样,他也是在1594年加入"宫务大臣剧团"的。他和莎士比亚既是同事,也是挚友,莎士比亚在遗嘱中赠给三位演员每人二十六先令八便士买纪念戒指,他是其中之一。

莎士比亚写戏常受制于坎普,不能随心所欲,但他心里明白,剧团搞的是商演,只有多卖票,挣到钱,股东们才有红利。因而,无论坎普把吉格舞跳得多么不搭调,他和剧团都必须容忍。比如,有一次,剧团演出《罗密欧与朱丽叶》,当演到罗密欧和朱丽叶这对痴恋爱侣在墓穴殉情,空荡荡的舞台上只有两具尸体在悲悼爱的永恒时,就在这悲情绝惨时刻,坎普跳着吉格舞登场了。这段舞纯属恶搞的狗血剧,只见坎普手舞足蹈,边跳边唱:罗密欧另有情妇,朱丽叶身怀六甲,肚子里种下了修道士的孩子,两人的殉情是做戏,目的是骗家里钱。

1599年，在环球剧院落成开张之前，坎普离开了宫务大臣剧团。迄今为止，没有任何材料显示坎普究竟因为什么离开了。或许有以下两种可能。

第一，主动离开。坎普意识到，剧团搬到泰晤士河南岸以后，那里的观众文化素养好，肯定不像肖迪奇区的俗众那样对吉格舞爱到发狂，如此一来，他将失去在剧团的影响力。

第二，剧团排挤。剧团和莎士比亚意识到，假如编剧写戏和舞台演出，任由坎普的丑角表演和吉格舞牵着鼻子走，剧院将沦为下流场所，一俗到底，戏剧之路前景渺茫。换言之，是莎士比亚和剧团一起发力，把不合拍的坎普挤对走了。理由就在他饰演的福斯塔夫身上。在《亨利四世》（下）剧终落幕之前，福斯塔夫面向观众说收场白时，曾信誓旦旦地允诺，《亨利五世》将很快上演，剧中除了有法国的凯瑟琳公主和收复法国的战争，一定少不了讨人喜欢的福斯塔夫。结果，在环球剧院落成后演出的第一场戏《亨利五世》中，福斯塔夫不见踪影。至少从剧本的角度可以说，莎士比亚把福斯塔夫从《亨利五世》里赶走了。

十分有趣的是，坎普的离去，或干脆说被剧团抛弃，竟与福斯塔夫在《亨利四世》剧尾被亨利五世抛弃如出一辙。第五幕快结束时，福斯塔夫满心以为，在曾整日陪伴、情同父子的昔日酒友哈尔王子加冕新国王之后，自己终可以成为人上人。没料想换来了亨利五世一顿绝情的犀利嘲讽："我不认识你，老头儿！开始祷告吧，白头发长在一个傻瓜和小丑的脑袋上，有多不相称！这样一个人在我梦里好久了，狂吃暴饮、浑身臃肿，那么老，那么恶俗。但我一觉醒来，便瞧不起我的梦了。"

情同此理，"这样一个"坎普对莎士比亚来说，也仿佛始终在梦里游荡。他"那么老，那么恶俗"，莎士比亚"一觉醒来，便瞧不起我的梦了"！亨利五世抛弃福斯塔夫之后，成为英格兰历史上最伟大的国王战士；莎士比亚抛弃坎普之后，真正开启戏剧生涯的辉煌。1599 年是莎剧艺术的分水岭，虽说此后莎剧里依然有丑角，但不再是《威尼斯商人》和《仲夏夜之梦》中低俗、浅薄的闹丑，而是《第十二夜》和《皆大欢喜》里聪慧、诙谐的喜丑，到《哈姆雷特》和《李尔王》，则变成了睿智、犀利，且具有强烈戏剧张力的悲丑。

从演员的角度来说，环球剧院落成后，英国戏剧才真正步入莎士比亚时代，舞台同时进入博比奇时代。

莎翁情史与莎剧中"性致"盎然的双关语

伊丽莎白时代伦敦律师学院学生约翰·曼宁汉姆,在1602年的日记里,对莎士比亚在伦敦的生活有一段记述。这算一条绯闻,揭露了一桩"莎翁情史":一天,剧团在环球剧院演完《理查三世》之后,饰演理查三世的明星演员理查·博比奇与一年轻女士相约黄昏后,地点选在那位女士家里,接头暗号是"理查三世"。莎士比亚耳朵长,偷听到谈话。他提前赶到那位女士家,自称"理查三世",用甜言蜜语引诱她,博比奇人还没来,他就已进入角色。结果,博比奇来了之后,说"理查三世"已到门口;莎士比亚叫人传话说,理查三世被征服者威廉捷足先登。原来这里藏着英国历史的典故,征服者威廉原为法国诺曼底公爵,1066年征服英格兰,加冕为国王。理查三世1483年成为英格兰约克王朝最后一位国王。两相比较,在获得英格兰王位方面,后者被前者"捷足先登"。

不难发现,莎士比亚"性致"颇高,写起戏来更是"性致"盎然。这样就能解释他为什么在《罗密欧与朱丽叶》第一幕第一场,便通过两个仆人粗俗、猥亵、充满性双关的对话,引出两个家族的世仇;也更能让人明白他为什么要塑造一个荤段子高手茂丘西奥。如此一来,17世纪时曾流传的一个说法便足以令人信服:莎士比亚写《罗密欧与朱丽叶》时,不得不在第二幕将野性难驯、调侃爱情、讥讽浪漫的茂丘西奥杀死,否则,他会死在茂丘西奥手里。

显而易见,莎士比亚十分清楚,比起充满骑士精神的理想主义者罗密欧,来剧场看戏的人会爱死这个满嘴脏话、愤世嫉俗、豪勇仗义、率性而为、十分接地气的现实主义者茂丘西奥。几乎仅凭茂丘西奥一人,便足以证明莎士比亚"性致"极高,他擅于从音乐、宗教、交易、运动、木工、锁业、打猎、射箭、钓鱼、战争、航海、务农、制图和所有动物、植物身上,以及每一件家庭琐事中,挖掘与"性"相关之处。

例如,《罗密欧与朱丽叶》第二幕第一场,茂丘西奥向班福里奥调侃罗密欧:"他现在一定是坐在一棵枇杷树下,真希望他的情人就是姑娘们私下开玩笑把那果子叫骚货的枇杷。——啊,罗密欧,希望她就是,啊,希望她是那烂熟得开了口儿的枇杷,而你就是那又长又硬的大青梨。"读了这赤裸的性暗示,也许自然会认同比莎士比亚年轻一百多岁的法国作家伏尔泰的话。伏尔泰在《哲学书简》中,一方面承认莎士比亚是个强盛而卓越的天才,另一方面认为他的戏粗俗、野蛮,充满低级趣味,他的悲剧极为荒谬。不过,拿这句重口味的戏谑来说,如果知道在文艺复兴时期的英格兰,一颗熟透的枇杷在俚语中就是指一个"打开的屁股"(open-arse),便不奇怪了。莎士比亚写的是活生生的现实人生。

　　然而,到了19世纪中叶,做过阉割手术的洁本莎剧广为流传,随着时间的推移,一个无性的莎士比亚的形象被建构起来。当不列颠成为一个日不落帝国,莎士比亚也变成了一个缺少"性致"的圣人,他的十四行诗不再张扬性狂欢,而变成柏拉图式恋爱的诗篇。事实上,就像每一位学习拉丁文的学生迟早都会从古罗马诗人卡图卢斯那里学到荤段子一样,每一个莎剧读者,终有一天会清楚洁本莎剧不是"原味儿莎"。

　　20世纪,专门有莎学家把莎剧中的"淫词浪语"编成一本书,并指出,莎剧中《理查二世》最干净,《一报还一报》和《奥赛罗》"性致"最高、"性趣"最浓、性双关最多。

莎剧里的原型故事

很多时候,读者都对莎剧情节之精巧、人物形象之丰满惊叹不已,但很少有人去追踪、挖掘莎剧原型。换句话说,我们从不关心他如何写戏,仿佛他就是一个天才,生下来就会写戏。因此,我们很少有人知道,莎士比亚从不原创剧本,全由别处取材。而且,莎剧很少改编自某个单一故事,每一部莎剧常有多个原型故事。莎剧里的人物形象还往往受到世代相传的民间故事的启发,这是莎剧的一个突出特点。莎士比亚精彩的改编与整合,赋予了那些滋养他的原型故事以新的艺术生命力。经莎翁之手,原本平淡无奇的故事,以情节紧凑、冲突迭起、人物性格丰满多样的莎剧留存下来。

在此,以《哈姆雷特》为例,简单梳理一下原型故事与莎剧的关联。

《哈姆雷特》至少有三个素材来源。

第一个,是中世纪丹麦作家、历史学家萨科索·格拉马蒂克斯在一千二百年前后用拉丁文写的《丹麦人的业绩》。这是丹麦中世纪以前最主要的历史文献,包含丹麦古代英雄史诗和一部分民间传说与歌谣,其中卷三、卷四就是《阿姆雷特的故事》。尽管该故事的英文本《丹麦人的历史》直到1608年才出版,此时距莎翁1601年写完《哈姆雷特》已过去七年,但他很可能事先读过这本书的法文版,因为《哈姆雷特》和《阿姆雷特的故事》中许多细节几乎相同。这个源于丹麦民间的传说,讲一位名叫阿姆雷特(Amleth)的王子为父报仇,即"丹麦王子复仇记"。王子和王子的母亲格鲁德(Gerutha),与莎剧中哈姆雷特(Hamlet)王子和他母亲格特鲁德(Gertrude),连名字拼写都十分相近。

第二个,也是更有可能的来源,莎翁编剧时直接取材自威廉·佩因特和杰弗里·芬顿分别于1566年和1567年以《悲剧的故事》和《快乐宫》为书名出版的意大利小说家马里奥·班戴洛的小说《哈姆雷特》的英译本。这个译本又是根据法国人贝尔福莱于1570年与皮埃尔·鲍埃斯杜合译的小说集《悲剧故事集》第五卷中转述的小说《哈姆雷特之历史》再行转译。这篇取自萨科索故事的小说,增加了哈姆雷特的父王遭谋杀之前其母亲与叔叔通奸的情节。莎士比亚毫不客气地把这个情节设计移进自己的《哈姆雷特》中。不过,在莎剧《哈姆雷特》中,关于王后与克劳迪斯的奸情到底是否产生在"杀兄娶嫂"之前,这只是幽灵的暗示。

第三个,莎剧《哈姆雷特》由宫务大臣剧团于1594年6月11日在纽纹顿靶场剧院演出的以哈姆雷特为题材的旧剧嫁接而来。这一"旧版《哈姆雷特》"剧本已失传,作者不详。莎剧《哈姆雷特》有些情节还有可能源于英国剧作家托马斯·基德于1589年出版的复仇悲剧《西班牙的悲剧》,因为莎士比亚在设计被谋杀者以幽灵的形式出现和主人公复仇迟疑这两点上,与基德完全一样。故而,有人认定,失传的"旧版《哈姆雷特》"的作者就是基德,那部戏的剧名叫《乌尔·哈姆雷特》。基德于1589年创作该剧,之后剧本一直为宫务大臣剧团所拥有。勤于"借债"的莎翁不会错过这一良机。

不过,莎翁不仅借鉴还整合了"原型",也在此基础上增加了一些"独创"的情节(可能是),体现了他深刻的思考与在戏剧创作方面的不凡天赋。比如,第五幕第一场增加了原型里没有的、发生在墓地的戏,堪称神来之笔,这也是诠释哈姆雷特作为一个永恒的生命孤独者思考生与死的点睛之笔。哈姆雷特看到掘墓人手里的一个骷髅,说:"现在这蠢驴手里摆弄的也许是个政客的脑袋;这家伙生前可能真是一个欺世盗名的政客。……从这命运的无常变幻,我们该能看透生命的本质了。难道生命的成长只为变成这些枯骨,让人像木块游戏一样地抛着玩儿?"

虽说莎剧无一例外都源于既有的故事框架,但这些"原型故事"无一不经过他的改编、加工、提炼,获得艺术升华。这足以证明莎士比亚是一个编剧天才!

莎剧中的"易装"喜剧

莎剧中,男扮女装和女扮男装的剧情多次出现,在舞台呈现上,受演员和化装技术所限,观众一看就能看出是同一个演员。现在国内的很多电视剧里有类似的情节,但演员扮相不到位经常被观众吐槽,被当成剧组不走心和忽悠观众的罪证大加抨击。

设问一下,为什么莎剧中类似情况能以"戏剧"为由被轻轻放过,甚至可以理解为观众与演员间的一种默契,而电视剧会被严厉指责?这体现了观众和表演者之间关系怎样的变化?莎剧在英国反复上演,每一个演员和剧组都会在舞台表演中注入自己的理解,这些不同版本的表演成为读者和观众理解莎士比亚的重要资料。可惜国内很少见到。

再问一下,未来的莎剧舞台表演和演员与观众之间的互动在国内发展前景如何?

简单地说,这在今天似乎是个无解的难题。对生活在伊丽莎白时代的戏剧家们来说,易装是他们惯用的喜剧手段。这是由时代决定的!理由很简单,当时伊丽莎白女王统治下的英格兰,尽管戏剧开始勃兴,伦敦的剧院越开越多,但法律禁止女性登台表演,舞台上的女性角色均由男性扮演。

　　这为舞台上男扮女装的易装喜剧提供了天然便利,因为舞台上的"她们"原本就不是女儿身,"她们"一旦通过"易装"自然地"回归"男性角色,便等于在以男性特征本色出演。扮演"她们"的演员连束胸都不用,对如何消除女性特征绝无后顾之忧。"她们"就是男儿身!假如"她们"愿意,连假胡须都不用戴,胡子会从"她们"脸上长出来。在舞台上,"她们"纯属雌雄同体。

　　"易装"喜剧是莎士比亚的拿手好戏!他最精彩的两部"易装"喜剧,是"四大喜剧"中的《第十二夜》和《皆大欢喜》。从这个层面可以说,莎士比亚只属于他那个时代到剧场看舞台演出的观众。当时,来剧院看戏的观众心里始终清楚,舞台上的"她们"是由年龄或大或小、相貌或美或丑、身材或高或矮、体形或胖或瘦的男人饰演的,"她们"还经常出演一号主人公。在莎士比亚喜剧里,典型的莫过于《第十二夜》中的贵族少女薇奥拉易装之后变身为奥西诺公爵的侍童"男仆"切萨里奥;《皆大欢喜》中遭放逐的西尼尔老公爵的女儿罗莎琳德经过"易装"打扮化身成高大英俊的"美少年"加尼米德。

　　这本身已是绝佳的喜剧作料,加上剧中穿插大量由"易装"带来的阴差阳错的误会,以及按剧情所需制造和配置的令人捧腹的闹剧、笑料,欢快、热闹的喜剧效果自不待言。比如,《第十二夜》中,奥西诺公爵爱上伯爵小姐奥利维亚,奥利维亚却爱上替他前来求爱的切萨里奥(薇奥拉),而薇奥拉(切萨里奥)深爱着自己服侍的主人奥西诺;再如,《皆大欢喜》中,奥兰多与罗莎琳德一见倾心,彼此相爱,等他俩各自逃难避祸,到阿登森林以后再相逢,相思痴情的奥兰多认不出"易装"成加尼米德的罗莎琳德,而这位女扮男装的英俊少年,为考验奥兰多对"她"的爱是否真心,一定要他向"他"求爱。从中亦可见出两位少女的另一点不同,薇奥拉始终在被动中等待或寻求主动,罗莎琳德则将爱情命运紧握在自己手中。若以现代视角来看,会觉得这情节十分滑稽,幼稚得可笑。所以,这样的喜剧只能发生在莎士比亚时代的剧院里。

英国文艺复兴鼎盛期的莎士比亚,塑造了许多鲜活的、散发着浓郁人文主义气息的女性形象,像《罗密欧与朱丽叶》中的朱丽叶,《威尼斯商人》中的波西亚,《哈姆雷特》中的奥菲莉亚,《奥赛罗》中的苔丝狄蒙娜、艾米莉亚,《李尔王》中的考狄利娅。但仅就易装喜剧而言,最典型、靓丽的女性形象当数薇奥拉和罗莎琳德。诚然,虽不能因莎士比亚写了易装喜剧,便把他视为一个女性主义者,但他已把女性当成男性一样来看待。难能可贵的是,莎士比亚以易装喜剧的方式,让舞台上乔装成男性的"她们(女性角色)"以男性的身份替女性发声,尤其发出那些女性在日常生活中难以言说,甚至羞于启齿的内心感受和爱意情愫,其中也包括对于男性(男权)的态度和批评。

显然,易装不仅使舞台表演变得热闹、好看,喜剧效果跃然提升,更使扮演"她们"的男演员,自然地换掉凸显性别特征的女装,挣脱了由女装带来的性别束缚之后,可以自由施展男人的智慧、才华和能力。在舞台上表演的那一刻，"她们"是男人，不是女人。撇开舞台表演不谈，仅就人物形象而论，无论是薇奥拉还是罗莎琳德，都是独具风采神韵、卓尔不凡的时代女性，《第十二夜》和《皆大欢喜》也因她俩活色生香、魅力永存。

五大悲劇

对于……的性毫为限的作家来说，一首首，奇人铄极无第得人神对……我被的他觉盲亚深……活亚于竟的一比切致生比属，失被士二尽的十都那咒先才沙在满起的莎就伙个自。淋我后到部一双为上得到于读一二是回视回探对再无事可做。当我他原一予切，地了上完像此赋一上切大本时读好对在手人序深扩基

——［德］歌德

《罗密欧与朱丽叶》:帅哥罗密欧的三种"荒谬"

《罗密欧与朱丽叶》是一部爱情悲剧,但与莎翁后期悲剧相比,显然更接近他的浪漫喜剧和早期创作。在风格上,它更多带有作者1594—1596年的剧作和十四行诗歌的抒情性。与他从16世纪90年代中期开始创作的《仲夏夜之梦》《威尼斯商人》《理查二世》相比,《罗密欧与朱丽叶》浪漫的抒情笔调、诗化韵致,与凄美哀怨的悲剧爱情主题,几乎达到了完美的和谐交融。从艺术上,这部诗性悲剧通过刻画罗密欧所体现出来的三种荒谬来完成。

第一种是他对罗瑟琳爱而不得的单相思,为此深受折磨、伤害,茶饭不思、寝食难安,"啊,吵闹的相爱! 啊,亲热的仇恨! /啊,一切事物! 从来都是无中生有!""啊! 沉重的轻浮,严肃的虚荣,看似美好实则畸形混乱的外形,明亮的烟雾,寒冷的火焰,病态的健康,永远醒着的睡眠,全都不是真实的存在! 这就是我现在的感觉,似乎在爱,却又没有爱。"这是他此时心绪真实的自画像。"爱就是由叹息引起的一股轻烟。"

在全剧中只出现名字、始终未露面的罗瑟琳一方是,"她已发誓绝不恋爱,这样的誓言,/让我感觉虽能说话却已生不如死"。罗密欧一方是迷失自我,难以自拔,对一切感到毫无兴致。若不是偶然从凯普莱特家宴的邀请名单中发现罗瑟琳的名字,他也不会前往。因为此时,在他心目中,罗瑟琳仍然是理想之爱的幻影,"比我的所爱还美! 普照万物的太阳,/创世以来也从未见过谁能与她媲美"。如果不是偶然从凯普莱特家宴的邀请名单中发现罗瑟琳的名字,他也不会去凯普莱特家。

第二种便是一见钟情的"狂暴"之爱。罗密欧在见到朱丽叶的一瞬间,便几乎把单恋的痛苦忘到脑后。此时,莎士比亚开始为这份爱涂上一层诗的氤氲。罗密欧不禁自语:"啊,她比燃烧的火烛更明亮! /她好像是挂在黑夜的面颊上,/又像黑人耳坠上的璀璨珠宝;/世所罕见的富丽不宜来佩戴! /在她的那些年轻女伴们中间,/她就是乌鸦群里的一只白鸽。/跳完这圈舞我就到她身边去,/牵她纤指为我粗粝的手祝福。/可有爱? 眼睛否认发过誓言! /今夜她是我从未见过的美丽。"

少女朱丽叶,一样是"荒谬"的。她看不清戴着假面具的罗密欧的真面目,便凭他诗语之爱的温情表白和悠然一吻,深深爱上他。因此,她在阳台上对着夜空独语倾诉心底爱情的秘密,也就荒谬得如此自然、率真、美丽。"啊,罗密欧,罗密欧! 为什么你是罗密欧? 否认你的父亲,拒绝你的姓名吧;假如你不肯,但只要发誓做我忠诚的恋人,我也将不再是凯普莱特家的人。""我的仇人只不过是你的姓氏;即便你不姓蒙塔古,你还是你自己。蒙塔古是什么? 它不是手,也不是脚;既不是胳膊,也不是脸;人身上的任何一个部位，它都不是。啊，换一个姓吧！单单一个姓氏有什么意义呢？把玫瑰换一个名字，它还是一样的香；所以，如果罗密欧不叫罗密欧，他拥有的可爱的完美也丝毫不会改变。罗密欧，放弃你的姓氏，那姓氏原本就不是你的一部分，只要你换了姓氏，就把我的整个生命拿去吧。"哪怕这样的爱意有一丝牵强，接下来朱丽叶与偶然偷听到她爱的独白的罗密欧"阳台幽会"并立下婚誓，都会显得极不自然。莎士比亚当然不会用艺术上的低级荒谬，去替代人类情感上的超级荒谬。因此最后，当见到罗密欧已死，她才会毫不迟疑、心甘情愿地让爱侣把她的"整个生命拿去"。

这样的爱有一丝牵强，这使得接下来朱丽叶与偶然偷听到她爱的独白的罗密欧"阳台幽会"并立下婚誓都显得极不自然。莎士比亚当然不会用艺术上这样的低级荒谬，去替代人类情感上的超级荒谬。因此最后，当见到罗密欧已死，她才会毫不迟疑、心甘情愿地让爱侣把她的"整个生命拿去"。

因为在莎士比亚笔下这种荒谬的逻辑自然天成，第三种，也是最高境界的荒谬，即"狂暴"之爱的必然结果——殉情，便顺理成章了。按这自然天成的"荒谬"逻辑，殉情不是凭空而来，它又分为两个层面，第一个层面是铺垫、渲染，典型地体现在劳伦斯修士告知罗密欧因杀死提伯尔特被判处放逐之后，罗密欧几乎疯狂的表现，彼情彼景，他竟然无法忍受好心的劳伦斯修士的善意劝导，他宁死不肯离开维罗纳。他说："这是折磨，不是悲悯。

朱丽叶住在这儿,这里就是天堂!住在这天堂里的每一只猫,每一条狗,每一只小老鼠,每一样不值钱的东西,都能一睹她的芳容;但罗密欧不能。就连腐肉上的苍蝇,都能比罗密欧捞取更大的实惠,享受更高的尊荣,得到更多殷勤求爱的机会;它们可以抓住亲爱的朱丽叶的一双纤纤玉手,可以从她的一对芳唇上偷取永恒的祝福,那两片晶莹含羞的嘴唇,至今还饱含着处女的纯真和圣洁,仿佛它们觉到连双唇一启一合自然的相吻都是犯下了罪孽。苍蝇可以做这些事,我却必须远走高飞;它们是自由人,我却被驱逐流放:你还要说流放不是死吗?难道你只会用'放逐'这两个字,就没有调配好的毒药,锋利的尖刀,或其他什么置人死地的办法杀我了吗?'放逐!'啊,修道士!只有地狱里的鬼魂伴着凄厉的哭号才会发出这样两个字。您,作为一个神圣的修道士,一个宽恕罪恶的忏悔神父,又是我公开承认的朋友,怎么竟忍心用'放逐'这两个字来折磨我?"难怪著名的人文主义散文作家、批评家威廉·赫兹里特(William Hazlitt, 1778—1830)认为,"罗密欧就是恋爱中的哈姆雷特"。

这样激烈的情绪昭示出,若非奶妈来送信,罗密欧得知当晚可与朱丽叶尽享新婚之欢,然后去曼图亚以图将来,宁死也不会接受"放逐"。于是,当"放逐"到曼图亚的他误以为朱丽叶已死并入葬,激烈的情绪再次狂暴到顶点,也不会显得突兀。这当然是在戏剧结构铺设上尚不够成熟老到的莎士比亚的高明之举,用诗的"狂暴"语言将"荒谬"之爱表现到极致,这在罗密欧死前的长篇独白得到完美展现,他凝视着朱丽叶的脸说:"啊! 亲爱的朱丽叶,你为什么依然如此美丽? 难道是要让我相信,那个无形的死神,那个枯瘦的面目可憎的怪物,也是个情种,把你幽闭在这黑暗的地府里做他的情妇? 唯恐这样的事情发生,我要永远与你相伴,绝不再离开这座漫漫长夜里幽暗的地宫;我就留在这里,蛆虫是你的婢女,我要同它们一起与你长相厮守。"

　　用诗歌抒写爱的美好,诠释爱的"荒谬",升华爱的"狂暴",是莎士比亚对恋爱中的情人们的最大贡献。我们因有了莎士比亚,才知道如何把爱情表达得诗意盎然、诗情画意,才领会爱情可以忠贞不渝到如此美妙的情死,才明白爱情可以是莎士比亚的十四行诗,才渴望情人就该像罗密欧、朱丽叶一样纯真、圣洁。因此,除了《哈姆雷特》,《罗密欧与朱丽叶》是全部莎剧中改编成其他艺术形式(音乐剧、芭蕾、电影等)最多的一部。

《哈姆雷特》：一千个读者，一千个"哈姆雷特"

"有一千个读者就有一千个哈姆雷特"，照这句话，每个人也都可以把自己看成一个"哈姆雷特"。这十分好理解，因为每个人都可以从他身上看到躲藏在灵魂深处的自己。法国史学家丹纳说："莎士比亚写作的时候，不仅感受到我们所感受到的一切，还感受到许多我们所没有感受到的东西。他具有不可思议的观察力，可以在刹那间看到一个人完整的性格、体态、心灵、过去与现在、生活中的所有细节与深度以及剧情所需要的准确的姿态与表情。"一句话，莎士比亚看透了我们，无论是他那个时代的"我们"，还是今天，以及未来不断延续着的"我们"。不是吗？从人性上看，莎士比亚所挖掘的伊丽莎白时代的"我们"人性上的龌龊、卑劣、邪恶，并不比现在"我们"的更坏；而今天"我们"在人性上所表现出来的高贵、尊严、悲悯，也不见得比那个时代的好多少。

德国作家歌德说："当我读到莎士比亚的第一页时，我的一生就都属于他了！首次读完他的一部作品，竟觉得自己好像原来是一个先天的盲人，而在此一瞬间双目才被一只神奇的手赋予了视力。莎士比亚对人性从一切方向上、在一切深度和高度上，发挥得淋漓尽致，我极为深切地体会到我的生活被无限扩大了。对于后起的作家来说，基本上再无事可做。只要认真欣赏莎士比亚所描述的这些，并意识到这些不可测、不可及的美善的存在，谁还有胆量提笔写作呢？"

包括歌德在内，没有作家会放弃写作。遗憾的是，歌德对哈姆雷特的认知过于简单，他认为莎士比亚要在剧中"表现一桩大事放在了一个不堪重任的人身上"。在他眼里，哈姆雷特是一位可爱、纯真、高贵、道德高尚的青年，却缺乏英雄气概。

每个人心里都有属于自己的哈姆雷特！歌德认为他软弱；而在英国诗人柯勒律治看来，哈姆雷特则是一个耽于幻想的人，有伟大的目标，却在从不付诸行动的"延宕"中幻灭了。英国著名莎学家布拉德雷认为，是忧郁害得哈姆雷特一事无成，也就是说，忧郁是哈姆雷特悲剧的核心。哈姆雷特似乎进入了一个循环的怪圈：思考加重心理的忧郁，忧郁加深对行动的剖析，而反复思考、剖析之后又不付诸行动，再次加重、加深忧郁。所以，他只能通过装疯来掩饰对现实的恐惧，同时保护自我，并求得释放暂时的心理重负。

然而，无论是莎士比亚，还是他笔下的哈姆雷特，以及"我们"的哈姆雷特，都是那个历史与时代的产物。

简单说来，在那样一个宗教大变革、社会大动荡的历史时代，无论是位于权力之巅的伊丽莎白女王，还是在女王统治下写戏的莎士比亚，以及无数普通的尤其以前信奉天主教的平民百姓，都存在宗教身份的转换与认同问题。或许女王和莎士比亚面对矛盾与纠结的两难选择时,与哈姆雷特一样会陷入"延宕""迟疑"。

关于莎士比亚是天主教徒、新教徒还是清教徒,莎学家们的看法似乎从没有统一过。在此,稍微简单分析一下,从当时的清教徒瞧不起写戏这个职业本身来看,基本可以推定一生都在写戏的莎士比亚绝不是一个清教徒。但在伊丽莎白时代,慑于王权威严,至少他不能是一个公开的罗马天主教徒,而必须是一个信奉英格兰国教的新教徒。不过,他更应该是一个在心底存有天主教信仰,而在宗教观念上又被马丁·路德化了的新教徒。这跟他笔下的哈姆雷特一模一样——哈姆雷特在心底还相信有炼狱,但他的宗教观已明显经受了马丁·路德母校威登堡大学的洗礼。

他软弱吗? 在该行动的时候,他犹豫不决吗? 似乎是的,因为:"我不知是出于畜类的健忘,还是由此而导致了顾虑重重、怯懦畏缩,因为我明明有理由、有决心、有力量,也有方法立刻动手,却还只是空喊着'要做这件事'。"

但当他决心利用偷偷修改后的国书,借英格兰国王之手处死那两个令他讨厌的谄媚者罗森格兰兹和吉尔登斯坦恩时,他所表现出来的果决和残忍,至少在形式上并不亚于他叔叔——邪恶的克劳迪斯。如他对霍拉旭所说:"我以国王的名义给英格兰王写了一封言辞极为恳切的信,说既然英格兰甘愿向我丹麦称臣纳贡,既然两国情谊如枝繁叶茂的棕榈,既然和平女神永远戴着她那顶麦穗的花冠,将两国的和睦友好紧紧相连,总之,诸如'既然'如何如何的重大理由我写了好多,然后恳请他读完此信,不容迟疑,立即将两个递交国书者处死,连忏悔的时间也不许给。"

这仅仅是哈姆雷特身上特有的矛盾吗?似乎不是。当然,这也是人们经常提到的"哈姆雷特问题"之一:他为什么不立刻向克劳迪斯复仇,却对这两个小人物毫不手软痛下杀手,而且"连忏悔的时间也不许给"(即意味着要让他们遭受炼狱的煎熬)。这其实不难理解,因为哈姆雷特显然要在复仇的瞬间,让克劳迪斯直接堕入地狱的无底深渊。从这一层来看,他对那两个昔日同窗、今日的国王宠臣,虽然立刻要他们死,但让他们先入炼狱,已算厚道。

他忧郁吗?在该惊醒的时刻,他畏首畏尾吗?在把一切,包括他装疯和复仇的誓愿向母亲和盘托出以后,他对母亲毫不留情地说出了像带刺的钢鞭一样抽打灵魂的话:"我当然管不住那个肥胖的国王再把您引到床上去,然后放荡地拧您的脸,管您叫他的小耗子;我也管不住您因得了他一两个脏兮兮的臭吻,或者被他那该下地狱的手在脖子上抚弄,就把您知道的一切和盘托出,告诉他我并没有真疯,而只是装疯。您最好还是告诉他;因为有哪一个美貌、清醒、聪明的王后,会把这么紧急的大事故意瞒着,不去告诉一只癞蛤蟆,一只蝙蝠,一只雄猫?谁会这么做?"这时,他似乎不再犹豫,更不再忧郁。

马丁·路德认为,忧郁和"所有侵扰人类的弊病"都是魔鬼制造出来的，魔鬼"不愿看到任何一片草或叶子成长"。魔鬼只热衷于破坏，挑唆争斗，使人遭受痛苦，"恶毒到迷醉于他人的终日饥渴、痛苦和不足之中，以他人的不幸为乐，以犯下杀戮与背叛的罪恶，尤其以杀戮那些对任何人都毫无伤害的无辜生命为乐，这便是邪恶的魔鬼最极端的暴怒。人类无论如何也不能这样"。

毫无疑问，莎士比亚要通过哈姆雷特表明，是魔鬼造成了哈姆雷特的忧郁。他对此十分清醒，正如他在与雷欧提斯比剑之前所说："要是我做过什么伤害了你感情和荣誉的事，激起了你强烈的反感，我在此声明，这都是由我的疯狂所造成的。哈姆雷特会做对不起雷欧提斯的事吗？哈姆雷特永远不会。假如哈姆雷特在精神失常时真的做了什么对不起雷欧提斯的事，那不能算在哈姆雷特的头上；哈姆雷特概不承认。那是谁干的呢？是他的疯狂。既然如此，哈姆雷特也是受伤害的一方，疯狂成了可怜的哈姆雷特的敌人。"真正的敌人，只能是魔鬼撒旦！

他觉得自己有着完美的品德，在行为举止上无可挑剔吗？第三幕第一场，他对奥菲莉亚说："我虽自认并不算一个本性很坏的人，可我也还是做过些该诅咒的坏事，既然如此，母亲最好没有生我。我很自傲，报复心强，有野心，随时可以做出许多叫不上名字、想不出样子或没有时间实施的坏事。一个像我这样的人，匍匐于天地之间，能有什么用？"当他亲眼看到血气方刚的福丁布拉斯率领的挪威军队敢以血肉之躯，"甘冒风险，去迎接命运、死亡和危险的挑战"，他深刻认识到，"不到危急关头不轻举妄动,的确是一种伟大;但当荣誉攸关之时,寸土不让,寸利必争,也是一种伟大。可是我呢,父亲遭残害,母亲受侮辱,却要让理性和血性激起的复仇的亢奋呼呼大睡吗? 再来看看这两万视死如归的战士,为了那一点点虚幻、骗人的名誉,走向坟墓,就像是要去就寝安眠;他们只是为了那一小块土地誓死而战,那块土地小得都不够用来做交兵的战场,甚至不够做坟墓来埋葬他们的忠骨,我能不感到羞愧吗? 啊! 从这一刻开始,让我的思想充满嗜血的残忍,否则我就是一个一钱不值的废物!"他要让那"不轻举妄动"的伟大,变为一种在行动上真正的、实际的伟大。

　　然而,他十分清楚,这样的伟大,一定要在上帝公义的名义下来实现,就像克劳迪斯试图强迫自己祷告时所说:"如果一个人的手里还留着通过罪恶攫取来的东西,他可能被赦免吗? 在这个充斥腐败的世界里,镀了金的邪恶之手可以一下子将正义推开;因为那份罪恶的利益,常常可以贿赂法律,使之形同虚设。但天庭并非如此,到了那里,任何事情都甭想蒙混过关,一切所作所为的本相都被显现,我们甚至必须为自己所犯下的罪恶作证。"

　　这显示出,伊丽莎白时代秘密的天主教徒们,对不经忏悔的突然死亡,内心仍然充满恐惧,因为在尘世留下的每一个污点,都要死后在炼狱里烧净,所以关键的问题,又回到生与死。莎士比亚所写的第五幕第一场发生在墓地的一场戏:当看到掘墓人手里的一个骷髅时,哈姆雷特说:"现在这蠢驴手里摆弄的也许是个政客的脑袋;这家伙生前可能真是一个欺世盗名的政客。……从这命运的无常变幻，我们该能看透生命的本质了。难道生命的成长只为变成这些枯骨，让人像木块游戏一样地抛着玩儿？"

现在，再回头看第二幕第二场，哈姆雷特面对受克劳迪斯委派、前来刺探他内心隐秘的罗森格兰兹和吉尔登斯坦恩，坦诚表示自己百无聊赖，对一切都失去了兴致，"心绪是如此地郁结，以至于在我眼里，这承载万物的美好大地，不过是一处贫瘠荒芜的海角"。接着，他说了那段著名的独白："人类，是怎样一件作品！那么高贵的理性！那么无穷的能力！仪容举止是那么文雅、端庄！在行为上，是那么地像一个天使！在智慧上，又是那么地像一尊天神！宇宙之精华！万物之灵长！"

不错，他极力赞美人类自身。但这段话最后落在他的思考和反问："这个尘埃里的精华算得了什么呢？"

今天，一个生命的孤独者，会做同样的思考，会发出同样的疑问：作为"宇宙之精华！万物之灵长！"的人类，在宇宙和万物的无限时空里，不过是转瞬即逝的一粒尘埃。换句话说，思想者一定是孤独的。然而，哈姆雷特并不孤独，我们会时时与他相伴。

摩尔将军奥赛罗:一世英名,毁于猜忌

《奥赛罗》不是一部通过一个叫奥赛罗的摩尔将军的不幸命运,简单揭示种族歧视的浅薄悲剧。不过,假如奥赛罗不是摩尔人,而和卡西奥、伊阿古一样,是一位威尼斯城邦共和国的白人公民,也就不会发生如剧名点明的"威尼斯的摩尔人的悲剧"了。假如真是这样,苔丝狄蒙娜根本不用变脸,直接就是又一位《威尼斯商人》中的贵族大小姐波西亚,美丽、富有,求婚者络绎不绝踏破门槛;而任何一个前来向苔丝狄蒙娜示爱求婚的摩尔人,不管他是否叫奥赛罗,也都自然会像那位身着"一身白色素服肤色暗黑的摩尔人"——摩洛哥亲王—— 一样,成为揶揄、嘲弄的对象。在《威尼斯商人》中,当波西亚听贴身侍女尼莉莎说,来选匣求婚的人中有一个摩尔人,当即表示:"要是他具有圣贤的性情,却生就一副魔鬼般的漆黑面孔,我宁愿他听我忏悔并赦免我的罪过,也不愿他娶我为妻。"显然,波西亚这一将摩尔人与魔鬼挂钩的表态,代表并体现着当时威尼斯人对摩尔人所持的一种普遍态度。

奥赛罗凭借卓越战功晋升将军,却并不意味着他就赢得了威尼斯政府和全体威尼斯人的绝对信任与尊重。非但不如此,

至少在上至苔丝狄蒙娜的父亲、威尼斯贵族元老勃拉班修,下到普通军官伊阿古,以及小财主罗德里格这样的威尼斯国内人眼里,奥赛罗那与生俱来的摩尔人黝黑肤色,同样意味着"危险"。

换言之,苔丝狄蒙娜之不同于波西亚,就在于她不仅拒绝了威尼斯"国内"所有"安全"的"富家子弟的求婚",而且独独爱上一个"危险"的摩尔人——奥赛罗!

虽说奥赛罗高调宣称自己身上"有高贵的皇族血统",认为先祖曾是遥远的摩尔王国的皇亲国戚,但很明显,作为威尼斯原住民的伊阿古、罗德里格并不买这个账。伊阿古挑拨勃拉班修去抓捕奥赛罗时,用了最为恶心人的脏话,他骂奥赛罗是"一头充满性欲的老黑公羊""一匹巴巴里黑马"。在他脑子里,奥赛罗就是一个来自北非(巴巴里)的"野蛮人"。英语中的"barbarian"(野蛮人)便是由拉丁语中的"barbari"(柏柏尔人)①发展而来的。

在罗德里格眼里,奥赛罗是个"厚嘴唇的家伙"。这就可以释疑了,为什么罗德里格会轻易相信伊阿古对这位将军大人的肆意诋毁,因为他是一个摩尔人。他骨子里就瞧不起摩尔人,伊阿古正是利用他的这一心思,挑起了他能如愿得到摩尔人白人妻子的意淫梦。若非如此,罗德里格不仅那么爱喝伊阿古的迷魂汤,还喝得特别上瘾,就有违常理了。

常把奥赛罗作为贵客延请至家中的勃拉班修,面对这位已

---

① 摩尔人是柏柏尔人后裔。——编者注

将生米煮成熟饭的女婿时,不仅不认亲,而且大发雷霆,痛斥奥赛罗用妖术下迷药诱奸了女儿。他绝对不信那么听话的一个乖女儿,竟会投入这个"让人害怕"的"下流东西黑黢黢的怀抱"。

年老、貌丑、厚嘴唇、肤色黝黑的奥赛罗,凭什么赢得了青春四溢、如花似玉的苔丝狄蒙娜的爱情呢?罗德里格凭奥赛罗是摩尔人,而坚信伊阿古的谎言;苔丝狄蒙娜爱的就是这个摩尔人!她之所以被这个肤色黝黑、长相吓人的摩尔将军吸引,恰恰是因为他有着许多白皮肤的人没有的出生入死的冒险传奇经历。或许这时她听到了来自内心的声音——去经历一场爱情的历险。事实上,这对儿皮肤一黑一白、相貌一丑一美的男女,谁也不真正了解对方。

奥赛罗爱苔丝狄蒙娜的美丽、纯洁,但从他爱上她的那一瞬间起,他对她是否忠贞,正像他对自己的黑皮肤不那么自信一样,并没有绝对的信心,正是这一点被伊阿古瞄得精准无误。苔丝狄蒙娜爱奥赛罗"力拔山兮"的英勇无畏,而他骨子里与生俱来的极度自卑和强烈猜忌,却从一开始就被爱情誓言彻底屏蔽了。不仅如此,在苔丝狄蒙娜那双美丽迷人的爱情眼睛里,奥赛罗根本就是一位充满了绝对自信和无限胸襟的将军。爱情令人智商归零,心迷眼盲。

不知爱为何物,也从未尝过爱的滋味的奥赛罗,在爱上苔丝狄蒙娜之前,是一位战功卓著的完美英雄,"对这个广阔的世界几乎一无所知"。确如他所说:"严酷的军旅生涯已使我习惯于把战场上粗粝、坚硬的钢铁盔甲,当作用精挑细选的绒毛铺成的软床,躺在上面,我可以酣然入睡。我承认,艰苦的军旅生活能带给我一种舒心的愉悦。""如果不是我一往情深地爱着温柔的苔丝狄蒙娜,即使把大海里的所有宝藏都馈赠给我,我也不会放弃无拘无束、没有家室拖累的单身汉生活。"

奥赛罗是靠给苔丝狄蒙娜讲述"如此怪异、神奇的故事"赢得了她的爱情。他讲了什么呢?讲了"他亲历的最可怕的不幸遭遇,陆地、海上突如其来的惊险变故,城破之际命悬一线的死里逃生,先是被残忍的敌人抓住卖身为奴,然后又赎出自己远走高飞,又由此讲了许多旅途见闻;那些巨大的洞窟,荒凉的沙漠,刺破云端的突兀巉岩、连绵峭壁,也成了我讲述的话题。我还讲到了那些野蛮的互吃同类的食人生番,讲到头长在肩膀下面的异形人"。听完这番陈述,连威尼斯公爵都当即表示:"要是我女儿听了这样的故事,也会着迷。"并劝勃拉班修"既然木已成舟,你就成人之美吧"。

毋庸置疑,奥赛罗与苔丝狄蒙娜彼此相爱,只是像奥赛罗在元老院公开宣称的那样:"她爱我,是因为我经受了种种苦难;而我爱她,是因为她对我的同情。"换言之,他俩的爱情基础一点儿都不坚实、牢固。奥赛罗爱的仅仅是苔丝狄蒙娜"对我的同情",因为此前从未有人对他的苦难经历表示过"同情"。他对这样的"同情"充满自信,却对把这"同情"、爱和全部身心都奉献给他的这个女人是否忠贞,不那么自信。或者说,"天性高贵"的他从未想过这个问题。

除了自信，他没想过的问题太多了！

他自以为身上有"皇族血统"，为威尼斯政府立下过"汗马功劳""凭我的功劳享受目前这样一份值得骄傲的幸运，也是实至名归"。作为一个到威尼斯闯天下的摩尔人，取得如此丰功伟业，他有十足的理由绝对自信！因此，他不仅不会去想，他只是在威尼斯即将面临土耳其人大举进攻的危难关头被委以无人可以替代的重任，甚至还会觉得自己在威尼斯获得的身份认同超过了许许多多的威尼斯人。事实的确如此，当塞浦路斯战事刚一结束，他便接到威尼斯政府的命令，他的总督之职由卡西奥接替。剧中也没有交代，威尼斯政府是否打算对他另有重用。

他自信卡西奥够朋友、重情义，提拔他当副官名正言顺，才不会去想他是否有能力胜任；他自信代表公正，当得知塞浦路斯的骚乱皆因卡西奥酒后闹事所致，他不徇私情，立即按军纪严处，将卡西奥革职，才不会去想平时不胜酒力的卡西奥为何明知紧急军务在身，却喝得酩酊大醉；他自信表面唯他马首是瞻，对他忠心耿耿的伊阿古是"诚实""忠厚"之人，才不会去想伊阿古为何那么热衷跟他说苔丝狄蒙娜可能不贞洁；他自信苔丝狄蒙娜替卡西奥求情让其官复原职，是因为她跟卡西奥有私情，甚至奸情，才不会去想她是完全不存任何私心地在为自己着想；他自信躲在远处亲眼看见卡西奥放浪"大笑"，是因卡西奥在谈与苔丝狄蒙娜的床上戏，才不会去想卡西奥是在笑妓女比安卡想嫁给他的荒唐；他自信伊阿古所说卡西奥在梦话中透露出与苔丝狄蒙娜的私情千真万确，才不会去想这根本就是天方夜谭；他自信伊阿古所说看到卡西奥在用苔丝狄蒙娜送的那块"绣着草莓图案的手绢""擦胡子"是真实的，才不会去想这块手绢是伊阿古求艾米丽亚"偷"来故意丢在卡西奥的房间里；他自信那手绢是自己的"蠢夫人傻老婆"苔丝狄蒙娜亲手给了卡西奥，而卡西奥并不珍惜，"一转手给了自己的妓女情妇"，才不会去想卡西奥只是让情人照着这捡来的手绢上的图案重新描绘一块新手绢；他自信这块他作为定情之物送给苔丝狄蒙娜的手绢，就是证明她不贞的真凭实据，于是，他要像处罚卡西奥一样，立即做出公正的裁决，不由分说，不容分辩，得将苔丝狄蒙娜窒息而死，才不会去想妻子受了天大的冤枉。

他以为他的这一自信绝对正确，从未出现过偏差，因而，他把一切都交由这样的自信来引导。事实上，他对伊阿古的轻信，正是他这一自信的必然结果。倘若说这样的自信源于他高贵的天性，那这样的高贵又是多么脆弱啊！

因此，当他对伊阿古说"我相信苔丝狄蒙娜是贞洁的"的时候，内心的底气已明显不足。又因此，当他再次面对伊阿古的挑唆，说出"我相信我妻子的贞洁，但又不完全信；正如我相信你正直，同时也怀疑你一样"这句话时，他的自信已经变得软弱无力了。恰好因此伊阿古得以那么从容不迫、顺水推舟而又投其所好地把最致命的邪恶毒针，扎进奥赛罗最敏感、最脆弱的神经。

"当初有那么多跟她同一地区、同一肤色、门第相当的男人向她求婚,所有这些都合乎常理,她对此却无动于衷;——哼!单从这一点就可以嗅闻出一股最具挑逗性的淫荡,一股畸形肮脏的邪恶,一股不近人情的欲念。请原谅,我这番话并非专门针对她。但我不无担心的是,当她的肉欲一旦满足,只要拿您的脸跟她那些英俊潇洒的威尼斯同胞一比,也许感到后悔,进而会很自然地重新做出选择。"

伊阿古这一大通发自肺腑之言,彻底将奥赛罗的绝对自信推向绝对轻信,并同时将他那由自卑、嫉妒、猜疑等因子混合酿成的猜忌推向极端。也就在这一时刻,昔日那个坚韧不拔、正直高尚、胸襟博大、叱咤风云的英雄豪杰,开始堕入因轻信而猜疑、因猜疑而嫉妒、因嫉妒而猜忌、因猜忌而复仇、因复仇而杀妻,直至自我毁灭的深渊。若用今天的评判标准来衡量,奥赛罗是一个绝对以自我为中心的典型大男子主义者,有严重的人格缺陷。

伊阿古：千古邪恶的奸佞小人

《奥赛罗》剧中有两个男主人公：伊阿古以一种人性中的可怕弱点，玩弄着一个冷酷无情的欺骗把戏；奥赛罗则以另一种不同于伊阿古的人性弱点，逐步走向自我毁灭。

奥赛罗何以惨死？一句话，被伊阿古所害。无疑，莎士比亚为了让奥赛罗如此惨死，才如此塑造伊阿古。就刻画人物性格而言，伊阿古是《奥赛罗》剧中最丰满的一个，在舞台上似乎更是如此，凡他一张口说话，一举手投足，便浑身充满了戏。奥赛罗、苔丝狄蒙娜、卡西奥，更别说罗德里格了，都是他手里操控的玩偶，他牵动着他们，同时也牵动着剧情演绎的每一个走向。因此，从这个角度也可以说，他几乎抢了所有人的戏。《奥赛罗》因伊阿古而悲得出彩、好看。

悲剧《奥赛罗》的艺术成功，不在于它塑造了一个叫奥赛罗的"愚蠢的"被害之人，而多半在于它塑造了一个叫伊阿古的"精彩的"害人者。伊阿古是一个邪恶阴毒的奸佞小人，把一切形容坏人的毒词恶语一股脑儿全倒灌在他身上，诸如卑劣、无耻、龌龊、阴险、好色、贪婪、歹毒、奸恶、欺诈、残忍、冷酷、无情、嗜血、小肚鸡肠、猜忌成性、口蜜腹剑、利令智昏、诡计多端、背信弃义、心狠手辣、丧尽天良、无恶不作之类，一点儿也不为过。在莎士比亚笔下，伊阿古堪称坏人堆里的人尖儿，即便放到世界文学专门陈列坏人的画廊里，纵使不能抢得头牌，位列三甲绝无问题。

伊阿古不信天堂，邪恶就是他的人性恶魔，是他一切行为的出发点，是他生命的本钱和人生的指南。在这个意义上也可以说，莎士比亚创造的伊阿古这个文学艺术形象，更具有一种象征意味，即伊阿古就是那个寄居在人心最黑暗处的魔鬼的代表，一方面，他预示着人类一旦打开心底的潘多拉盒子，把这个魔鬼释放出来，它就会不择手段地像伊阿古一样，把人的命运玩弄于股掌之间，直至将其毁灭；另一方面，他的邪恶本身又是折射龌龊人性的一面镜子，它无情地暴露出，面对笑容可掬到讨人喜欢的魔鬼的诱惑，人类会变得多么愚蠢，多么脆弱，多么容易上当受骗，又是多么心甘情愿、乐此不疲地当玩物，以致行为荒诞、人格缺陷、意志薄弱，像奥赛罗一样，最后走向自我毁灭。

平心而论，伊阿古的阴损邪恶招数实在谈不上有什么独到高妙之处，不外古今世间小人惯用的那些雕虫小技，但这样的伎俩、手段却是小人们得心应手、百试不爽的独门绝活。

伊阿古智商奇高，聪明过人，又特别工于心计。奥赛罗评价他："这家伙世事洞明，人情练达，为人又极为诚实。"奥赛罗跟伊阿古斗法之所以最后输个精光，全因他看走了眼，误以为伊阿古是"极为诚实"之人，竟至绝对信任到听了他的挑唆之后，宁可猜忌妻子，对他也丝毫不起疑心的迷信地步；而伊阿古被奥赛罗看准的"世事洞明，人情练达"，却是他得以混迹江湖、左右逢源的精湛内功。

《奥赛罗》以罗德里格骂伊阿古骗了他的钱，却有意向他隐瞒奥赛罗已和苔丝狄蒙娜秘密结婚一事开场，拉开戏剧冲突的大幕。伊阿古先假装不知实情，继而以如簧巧舌挑拨离间，不仅瞬间重获罗德里格的信任，得以继续骗取他的钱财，还名正言顺地利用罗德里格那病态的对奥赛罗的"夺爱之恨"，与他心底由嫉恨点燃的复仇之火合而为一，烧向沉浸在新婚快乐里的奥赛罗。

伊阿古有理由嫉恨奥赛罗，从三点来说：

一是在伊阿古眼里，奥赛罗不过一介武夫，只会用兵打仗、攻城拔寨的草莽英雄，肤色黝黑、长相难看的异族摩尔人奥赛罗，不仅当了将军，还娶了他始终垂涎、意淫的美女苔丝狄蒙娜。

蒙在鼓里的罗德里格自始至终都不知道伊阿古的这一秘密，即他和伊阿古有着同一个意淫对象——苔丝狄蒙娜。仅凭这一点，作为情敌的伊阿古只会骗他钱，而绝不会帮他成全与苔丝狄蒙娜的"好事"。以伊阿古的识人本领，他当然晓得罗德里格对苔丝狄蒙娜的病态单相思。所以，他从来都是以真实的谎言来诱惑罗德里格："凭我的智慧，集中地狱中所有恶魔的力量，打破一个四处流浪的野蛮人和一个工于心计、过分讲究的威尼斯女人之间一句神圣而脆弱的婚姻誓言，易如反掌；到那时，你就可以享用她了；因此，多搞些钱来。"伊阿古的好色本性和贪婪敛财的本事于此昭然若揭，他在此对罗德里格说出的这个"你"，分明指的是他自己，表面说这话时，他已经在"可以享用她了"的意淫幻梦里心迷神醉。他既心淫苔丝狄蒙娜的色，又贪罗德里格的财，他要的是一箭双雕，财色双收。他曾明确表示："卡西奥爱她，对此我深信不疑；她爱卡西奥，这应该也是十分可信的。至于那摩尔人，——尽管我对他难以容忍，——唉，我也是爱她的，当然并非完全出于肉欲，——虽然我也许真的犯了肉欲的大罪恶，——。"

　　这里涉及伊阿古的女人观。在当时，威尼斯女人的放荡闻名欧洲，伊阿古自然认为天底下的女人都一样："你们出了家门，静默无语美如画，回到客厅，舌头便像只铃铛吵闹刺耳响不停，进了厨房就变野猫；害别人时，假装圣徒一脸无辜；一旦受侵犯，转眼之间成恶魔；对家务，敷衍了事当儿戏；上了床，又狂野放荡如淫妇。"因此，他不仅不会像罗德里格一样，相信苔丝狄蒙娜的"圣洁"品性，甚而骂她是"圣洁的骚货！她喝的酒也是用葡萄酿的；她要是圣洁，也绝不会爱上那摩尔人；圣洁个屁！"也因此，他潜意识地确信，苔丝狄蒙娜必与卡西奥有奸情。所以，他心里很清楚，当他火上浇油，对奥赛罗说出这样如刀剜心般字字见血的话——"我对咱本国娘儿们的秉性知道得一清二楚：在威尼斯，她们跟丈夫做不出来的放浪淫荡，却敢当着上帝的面去做。她们的最大良心,不是不干,而是干了不让人知道。"——奥赛罗不可能无动于衷。

奥赛罗也的确不是一枚无缝可叮的蛋,实际上,他骨子里对女人的看法,与伊阿古并无本质差异。换言之,他对自己会被苔丝狄蒙娜这样一个"圣洁而忠贞"的女人爱到无以复加,并没有绝对的把握和信心。因此,当他听到伊阿古跟他说:"她当初可是骗了自己的父亲跟您结婚的;而当她对您的相貌显出几分惊恐之时,却又是她最爱您的时候。"他很容易就动摇了。

二是伊阿古他对自己的能力深信不疑,自觉给奥赛罗当个副官应"绰绰有余",何况奥赛罗"曾目睹我如何在罗德岛、塞浦路斯及其他基督教和异教徒的土地上屡立战功"。但奥赛罗"傲慢十足",一口回绝了"三位替我说情的大人物"。而洞悉世情的他心里又再清楚不过,"军中的提职晋升一直就这德行,从不按规矩逐级提拔,只要有人举荐说情或讨得上司欢心,就能越级擢升"。尤其令他难以接受的是,被任命为副官的卡西奥正是他眼里会"讨得上司欢心"的人,不仅如此,最关键在于,"——在战场上,他从未带过一兵一卒,至于排兵布阵,他简直还不如一个独守空闺的老处女懂得多。即便空谈军事理论,那些身穿长袍的元老也会比他更在行。他只会扯淡,没有一点儿实战经验,这就是他作为军人的全部资质"。所以,他把卡西奥蔑称为一个只会为自己精打细算的"精算师"。这样的人"当上副官,真是交了狗屎运。而我,——上帝瞎了眼!——只在这摩尔人的麾下混上一个掌旗官"。

　　另一方面,在好色的伊阿古眼里的卡西奥,是"一个英俊潇洒,年龄相仿,风度翩翩,气质优雅的男人"。"一个魔鬼般的流氓! 况且,这家伙长得英俊,又年轻,所有勾引令那些愚蠢淫荡、年轻贪欲的女性上钩的条件,他无一不备。"这样,他就又多了一层自卑,觉得自己在风流情场上也注定是卡西奥的手下败将;他甚至嫉恨到要卡西奥死,"要是卡西奥没死,他那自然洒脱的儒雅风度,会使我每一天都感到自惭形秽"。

　　常言道,小人难防,故不可轻易得罪。得罪小人最可怕的后果之一,便是像伊阿古一样把上帝的不公作为正义或合理的借口,向卡西奥复仇,向奥赛罗复仇! 问题在于,小人防不胜防,拿奥赛罗来说,他根本不知道自己在何时、又为何就把伊阿古得罪了,直到自刎之前才幡然醒悟。

　　三是伊阿古不仅猜忌奥赛罗与妻子艾米莉亚通奸,发誓要"以妻还妻",他还怀疑卡西奥也跟他老婆通奸。也许是伊阿古在庆功晚宴故意将卡西奥灌醉,指使罗德里格与卡西奥大打出手,引起骚乱,先导致卡西奥被撤职,再撺掇卡西奥去找苔丝狄蒙娜向奥赛罗求情,让他官复原职,以挑起奥赛罗对苔丝狄蒙娜与卡西奥有奸情的猜忌,然后又精心策划、设计、制造了"手绢门"事件,让奥赛罗目睹到确凿的奸情证据——他求爱时送给苔丝狄蒙娜的定情礼物——手绢,终于达到复仇的目的,这一连串剧情太丝丝入扣、引人入胜的缘故,长期以来,一旦论及伊阿古报复奥赛罗,便习惯于把奥赛罗提拔重用卡西奥,伊阿古对此怀恨在心、伺机报复,作为唯一不争的理由。从表面上看,伊阿古垂涎苔丝狄蒙娜的美色和卡西奥的职位均不能得,由此生恨,确实是铁证的事实,但比这更能激起伊阿古复仇烈焰的致命理由,是他对奥赛罗与妻子有染的猜忌。不过,伊阿古从未向罗德里格透露过这一猜忌,只是轻描淡写地对他说:"要是你给他(奥赛罗)戴一顶绿帽子,你能享受到快活,我也称心如意。"这是伊阿古发自内心的大实话。

伊阿古绝顶聪明,自然懂得"事以密成,语以泄败"的道理,他把一套成熟的狠毒报复计划深藏心底。事实上,第一幕最后伊阿古的大段独白,他已把对奥赛罗的刻骨仇恨,以及打算怎样报复,和盘托出了:"我恨那个摩尔人;有人说他在我的床笫之间,替我当了丈夫;也不知这话是真是假。不过,对我来说,这种事即使是捕风捉影,我也会信以为真。他很器重我;这更有利于我对他下手。卡西奥是一个恰当的人选;现在,让我想想:夺取他的位置;用一举两得的奸计,实现自我的荣耀。怎么办? 怎么办? 依我看:等过一段时间,在奥赛罗的耳边捏造谣言,就说他跟他老婆关系过于亲密:他英俊潇洒,风度翩翩,天生是那种让女人不忠的情种,极易令人猜忌。而那个摩尔人,心胸坦荡,性情豪爽,他看一个人貌似忠厚老实,就会真以为那人诚实可靠;他像蠢驴一样很容易让人牵着鼻子任意摆布。"

何以至此呢? 伊阿古说得非常干脆:"我这样做是为了要复

仇,因为我真的怀疑这个精力充沛、性欲旺盛的摩尔人跨上了我的马鞍;这个念头像毒药一样噬咬着我的五脏六腑;除非我跟他'以妻还妻',出了这口恶气,否则,没有任何东西能、也没有任何东西会令我心满意足;即便不能如此,我至少也要让那摩尔人由此产生出一种理智所无法治愈的强烈嫉妒。……不仅巧施诡计搅乱他内心的祥和、宁静,甚至逼得他发疯。"

"以妻还妻?!"是的,这是莎士比亚为鞭辟入里地描绘伊阿古阴毒的邪恶人性,特意为其量体裁衣,专门打造的"伊阿古式"的复仇方式。显然,谙熟《圣经》的莎士比亚是刻意让伊阿古化"摩西律法"为己用,一为凸显他洞悉人间世情的高情商,二为揭示他不惜代价复仇的恶手段。

这是莎士比亚高妙所在:是他,故意让奥赛罗和伊阿古这对死敌,都患上了"奥赛罗综合征",而表面上典型的病患者又似乎只是奥赛罗一人;是他,让伊阿古因自己猜忌,再去燃起奥赛罗的猜忌,又因猜忌而对伊阿古盲信盲从;是他,要用两人的猜忌构成一股无坚不摧、冷酷无情、残忍野蛮的合力,去毁灭一切生命和爱情。

由此来看,奥赛罗不过是以自身猜忌,被伊阿古牵着鼻子,帮他顺利完成毁灭美好生命和爱情的那头"蠢驴"。伊阿古则根本就是魔鬼的化身,他从邪恶萌芽,由恨里滋生:他恨苔丝狄蒙娜的美貌、恨奥赛罗的将军头衔、恨奥赛罗和苔丝狄蒙娜的爱情婚姻、恨卡西奥的风流倜傥、恨卡西奥的副官职位、恨罗德里格的钱财,总之,恨世间所有他想有而又没有的一切。

　　《新约·哥林多后书》11·14载:"连撒旦也会把自己化装成光明的天使。"伊阿古正是这样一个"撒旦",因此,当他化装成"光明的天使"的时候,他见人说人话,见鬼说鬼话,而无论人鬼,都能被他"魔鬼"的真心打动,丝毫不怀疑。奥赛罗被这样的魔鬼盯上,自然在劫难逃。

《李尔王》：人性、人情之大悲剧

莎士比亚写《李尔王》是在《哈姆雷特》和《奥赛罗》之后，此时，他进入编剧的成熟期，对他来说，在如此紧凑的戏剧篇幅艺术地驾驭如此丰富庞杂的人情布局，不在话下，但他显然并不满足，拿《李尔王》来说，他明显运用了比之前更为高妙且驾轻就熟的戏剧手法，这便是他能那么游刃有余地在人情的繁复、多重的深刻对比中，刻画与凸显人性。

这对比是如何一层一层、又层层叠叠地绘制出来：李尔的三个女儿，两恶一善；葛罗斯特的两个儿子，一正一邪；李尔的两个女婿，一良一劣；紧随李尔左右的肯特、弄臣，一庄一谐。除此，还有另一种对比：同为忠臣，葛罗斯特是一位懂人情世故、有风流韵事的伯爵，肯特则是一位铁骨铮铮、披肝沥胆、不计荣辱的谏臣。而肯特自身又以苦肉的方式造出前后两个肯特的对比：前者是被威严的国王李尔放逐的本来面目的肯特，后者是易容乔装成"凯厄斯"，拼死效忠遭到两个女儿放逐的退位老王的肯特。再有一种对比，同样耐人寻味：李尔被两个恶女儿逼得发了疯，是真疯；埃德加为躲避通缉追杀，亡命荒野，为求生存，迫不得已只能装疯。

　　剧中落差最大的两个人性、人情的对比，同时也是剧情主线、副线最强烈的戏剧冲突。第一个大的对比，发生在李尔身上，我们可以简单称之为"两个一切"的对比；第二个大的对比发生在葛罗斯特身上，也可以叫"一明一暗"的对比。

　　先来看第一个对比。第一幕第一场，高纳里尔、里根都向李尔表达了这样的超级孝敬，即对父亲的爱"超过了一切爱的表达的总和"，但当她们从父亲那儿骗取了一切之后，却剥夺了李尔的一切，因此，李尔才会在遭受绝对出乎意料的虐待时，不止一次地咆哮："我把一切都给了你们。""啊，高纳里尔，里根！你们仁慈的老父亲，以慷慨之心把一切都给了你们。"在疯狂中自嘲："你是把一切都给了女儿吧？你也是因此才落到这步田地的吧?"对弄臣自我恶讽："他被女儿折腾成这样了？你什么都没留吗？你把一切全给了她们?"给了一切，就失去一切，这是导致李尔发疯最直接的外因："这么一想真要疯了；我得让脑子避开这事儿，不再去想它。"

　　再来看李尔与考狄利娅的对话。面对父王的问询，考狄利娅不假思索便说出了全部的心里话："我是按我的名分来爱陛下，一分不多，一分不少。""那与我立下婚誓的夫君或将带走我一半的爱、一半的关心和责任：没错，假如我只一心一意爱父亲，就绝不会像姐姐那样嫁人的。"李尔心有不悦，要考狄利娅考虑好再说一次。明白人只要稍一留心，就能听出李尔对考狄利娅有着超出对两个大女儿更多的父爱恩宠，很明显，李尔的底线是,只要考狄利娅说出会全身心孝敬父亲,而不是"一分不多,一分不少"即可"赢得比你两个姐姐更丰饶的领地"。但李尔就是听不到考狄利娅违心说出让他爱听的"真心话"。道理很明晰,考狄利娅也有自己的底线,她十分清楚两个姐姐一贯的为人处世,因此才绝不肯违心表达对父亲的爱,否则,便跟两个姐姐一样。所以,她会在远嫁法兰西之前,向两个姐姐辞行时会那么不客气地直言:"我深知你们俩的本性,作为妹妹,我最不情愿的,就是把你们的过错挑明。把父亲照顾好:既然你们声称真心孝敬,那我就把他托付给你们了。"这样,也就能回到开头去理解考狄利娅为何"无话可说"。难道她真不懂这将意味着什么吗?她内心要表达的是,两个姐姐说的"一切",其实是"一无所有"。

父女俩各自的底线撞到了一起。此时此刻,除了李尔,所有人都是现实的,只有考狄利娅一人活在理想里,那两个女儿则早把现实看得清清楚楚,因而,当她俩刚一得到一人一半的王权,便商定算计老王。在她俩眼里,李尔如此对待考狄利娅,是"人老昏聩的表现,可他总是缺乏自知之明"。不仅如此,在"他年轻力壮、头脑清醒的时候,也是脾气火爆"。除了他身上"那积习难改的臭脾气",最难侍候的是"年迈体弱、暴躁易怒随之而来的固执任性"。两个人由李尔放逐肯特感到未来的可怕,她们打算"通力合作",绝不能让"父亲还像往常一样,由着性子以权蛮干",否则,"我们得不到任何好处"。这时,我们能明白,考狄利娅"无话可说"这句话一出口的风险系数有多高,这也意味着,考狄利娅考虑好了一切可能的后果,包括"一无所有"。正因如此,考狄利娅丝毫不后悔。"一无所有"的她带着一个妻子对丈夫"一半的爱、一半的关心和责任",安心远嫁法兰西。

后悔死了的是李尔!他先受了高纳里尔的虐待,负气出走,去找里根,试图用做人最基本的道理感化里根:"不,里根,你永远也不会受我的诅咒:你性情温柔,绝不会那样狠心。她那双眼睛凶光毕露,你的眼神却和蔼可亲,不会冒火。你不会在乎我享受老来之福,也不会跟我顶嘴恶语相向、裁撤我的侍卫,甚至削减我的花销,总之,不会将我拒之门外:你比较懂得亲情孝道、儿女责任,谦恭贤良,有感恩之心。"当他发现姐妹俩的手牵握在一起,而露出惊讶时,高纳里尔竟然调侃他:"陛下,她怎么就不能跟我握手呢?我犯了什么错儿?何况凡从不辨是非之人眼里看到,从昏聩的老糊涂嘴里说出来的错,全都不是错。"

然后,这姐俩儿开始比赛谁更能裁撤李尔的侍卫,两人你一句我一句,在一百、五十、二十五这三个数字间像过家家似的玩起了游戏,完全是在戏弄、侮辱李尔。这时李尔意识到,姐妹俩已串通一气,逾越了人性底线,变得跟野兽一样。除了冲进暴风雨,李尔无路可走。在暴风雨中等待他的命运,正如他跟里根所说:"要是你连比别人最起码的生存需要多一点儿的需要都不许有,那人命就贱得跟牲畜一样了。"而他也就是在肉体变得形同"动物"、"人命贱得跟牲畜一样"的疯狂里,真正体会到人性的本质。当他在暴风雨的荒野见到赤身露体的"可怜的汤姆",开始意识到人是个什么东西,发出疑问:"难道人不过如此吗？看看他就明白了。你不欠蚕儿一根丝,不欠野兽一张皮,不欠绵羊一根毛,也不欠麝猫一厘香。哈？倒是我们仨变了样儿。你才是原样儿:人一旦光身露腚,顶多像你现在这样,不过是一个可怜巴巴、精赤条条的两脚动物。"

到了这时候,他终于明白:"不管说什么,全都我说'是'就'是',说'不是'就'不是',唯唯诺诺可不是什么好神学。……到这个时候,我才看清她们那副谄媚的嘴脸,闻出她们的真味儿。算了,她们口是心非:她们说我具有一切超凡特质,扯淡,我也免不了要打摆子。"啊,原来自己坠入由巧言令色的高纳里尔、里根用谎言编织的亲情至爱里浑然不觉,直到遭了遗弃,置身荒野,饱受凄苦、历经磨难,才终于弄懂自己一直活在虚假的幻影里,而这一切都是由国王的威权和荣耀带来的。他也明白了考狄利娅身上人性的理想闪光,那在任何时候都折射出慈爱、悲悯的人性亮色,"把爱藏在心里"才是真爱、深爱、大爱。可李尔给了这个嘴上不会说一句漂亮话,而只会真心爱他的女儿什么呢？一无所有！真爱他的,被他剥夺了一切！这是刺激李尔发疯最直接的内因。

也就是说,两个如此邪恶、一个如此善良的女儿,使李尔产生了两种难以自控的极端情绪,正是在这一正一邪两种心绪的强烈刺激下,他疯了。把李尔的发疯与葛罗斯特之死做一对比,我们会发现一种内在的呼应,葛罗斯特是在两个儿子一正一邪造成的"一悲一喜"两种极端情绪刺激之下，含着笑死了。

　　发生在李尔身上的对比并未到此结束，接下来的对比更为惊心动魄，甚至令人含泪而歌，泣血而啼。一方面，是失去一切的考狄利娅，闻听父亲惨遭虐待，用眼泪说动法兰西国王，不顾一切，亲率法军，要救出父亲。她在心里默念："亲爱的父亲，我这次挥师用兵，全是为了您的事。"另一方面，此时已"一无所有"的李尔又是倔强的！受了残忍虐待，身陷苦难，李尔只有两件事可做，一是恶毒诅咒这两个野兽般的女儿。他诅咒高纳里尔："叫她的子宫不孕，叫她的生育器官干涸，叫她这下贱的肉体永远也生不出引以为荣的孩子！""愿上天把所有积攒起来的报应一股脑儿都落在她忘恩负义的头上！愿污染的恶风吹打她腹中的胎儿，叫婴儿一落生就是个瘸子！""让烈日骄阳从沼泽地里熏蒸出来的毒雾，侵蚀她的美貌，摧毁她的狂骄。""一千个魔鬼把咝咝作响的火舌吐到她们身上。"这恐怕是父亲对亲生女儿最恶毒的诅咒。

　　除了诅咒女儿，第二件事就是祈祷上天："诸神，你们眼睁睁看着我在这儿，一个可怜的老头儿，垂暮之年，满腔的悲伤，饱受年龄和悲伤的双重折磨。假如是你们激起了我这两个女儿心中对父亲的叛逆，就别拿我当傻瓜一样如此愚弄，叫我逆来顺受：……不，我不会哭。我有十足的理由哭，可我宁愿把这颗心碎成十万片，也不会掉一滴眼泪。""只管尽情降下你们令人惊骇的狂欢：我，你们的奴隶，一个可怜、虚弱、无力、遭人鄙视的老头子,站在这儿。可我还得骂你们是奴颜婢膝的帮凶,因为你们这高高在上的天兵,竟跟我那两个恶毒的女儿携起手来,攻击我这样一个白头老翁。"

此时,救护他的天使只有一个人,那曾被他冤枉、"虐待"得"一无所有"的考狄利娅。

发疯的李尔只要神志稍一清醒,就陷入无地自容的羞愧和撕心裂肺的自责,他在想跟他一样任性执拗、却又那么温柔善良的考狄利娅,是如此忠实于自己的内心,绝不像她那两个恶魔姐姐一样,用阿谀谄媚这剂甜蜜致死的毒药欺骗父亲。考狄利娅的话语犹在耳畔,面对唾手可得的巨大利益(三分之一的国土)、权力(三分之一的王权),她选择率性直言,绝不虚情假意:"我多么不幸,不会把心提到嘴上:我是按我的名分来爱陛下,一分不多,一分不少。"面对父王发出的再不说好话"就把自己的财富给毁了"的威胁,她仍坚守底线、不改初衷:"慈爱的陛下,您生我,养我,爱我:我会恰如其分地回报这份恩情,服从您,爱您,敬仰您。"等她真的一无所有了,她还是那么心底无私,磊落坦荡,不做一句辩解:"假如您因为我缺乏油腔滑调的伶牙俐齿,不会说讨您喜欢的话而震怒,那是因为凡我想做的事,从不事先张扬。……而仅仅因为我欠了一件因此欠缺却让我倍感富有的东西:一双争宠献媚的眼睛,一条我多么庆幸没长在我嘴里的如簧巧舌。我因为没生出这样的巧舌,才失去了您的宠爱。"而一旦需要她付出爱,她甚至牺牲生命也在所不惜。当她得知父亲惨遭虐待，处境危险，便毫不迟疑领军前来，讨伐两个姐姐："亲爱的父亲，我这次挥师用兵，全是为了您的事：正因为此，我哀伤和恳求的眼泪感动了伟大的法兰西国王。我们劳师前来，并非激于狂妄的野心，而仅仅为了爱，为了真挚的爱，为了替老父讨回公道。"终于见到发疯的父王，她痛心地呼唤："一切神圣的秘方，一切隐藏在地里的灵药奇草，让我泉涌的泪水把你们滋生出来吧！快来帮着救治这位好人的痛苦吧！"战败被俘，将身陷囹圄，她无怨无悔，心里最记挂的还是父亲："我只是为您，遭难的父王，才感到抑郁悲伤。否则，我怎么会把命运女神的横眉立目放在心上。"

李尔从得到了一切的两个女儿那里，得到的是"一无所有"；而"一无所有"的小女儿考狄利娅，最后却"把一切都给了"父亲，包括献出自己年轻、美丽的生命。这样我们就能理解了，为什么稍微恢复一些神志的李尔羞于见到考狄利娅；理解了李尔一旦认出考狄利娅，便会立刻跪下请求女儿原谅自己的愚蠢，宽恕以往的过错；理解了父女双双被俘以后，李尔甘愿与考狄利娅"就咱俩，我们要像笼中的鸟儿一样歌唱：你要我祝福，我便跪下，求你宽恕。我们就这样活着，祈祷，唱歌，讲点儿老故事"。理解了李尔抱着考狄利娅的尸体，不相信她已死去："这根羽毛动了：她活着！只要她还活着，这个幸运就足以把我以前所遭受的一切悲苦都赎回来。"

一个头脑清醒的可爱慈父远远胜过一个刚愎自用的威严君

王。当他是一个君王的时候,他看不清两个不孝的女儿仅仅靠谄媚就欺骗了他,另一个女儿却因真心孝顺失了宠;他看不清那两个女儿骨子里继承了他刚愎自用的专断独行,在她俩眼里,他只不过是一个头顶王冠的国王,而当他放弃了王权,他可以不再是父亲;他看不清她们的人性中,只有一己私欲之下暴殄天物的十足兽性,因此她们理所当然地会骗取信任,赚取国土和权力之后,立马便翻脸不认人,开始有计划地虐父行动:削减侍卫、足枷仆人,在暴风雨之夜将八十多岁的老父逐出城堡。也因此,他在饱尝过她们的残暴兽性之后,才会抑制不住总要用野兽的意象来描绘她们。他看不清那个被他抛弃的小女儿,骨子里承继了他与生俱来的正义感和慈爱心,在她眼里,贵为君王的他首先是一个父亲,她爱的也是这个父亲,因为她不会爱一个可恨的“暴君”。所以,当他在雷电交加的暴风雨中的荒野呼天抢地,变成一个孤独无靠的老人,变成一个可怜的父亲时,她率兵前来,救的也是自己所爱的父亲,因为此时他已失去一个国王所有的威严、尊贵。直到最后,当他和这个女儿一起被俘身陷囹圄时,他竟是那么兴奋,为自己终于成为一个爱女儿的慈父而高兴,快乐得像个孩子。

是暴风雨的霹雳闪电震醒了李尔意识里的人性混沌,使他得以从蠢不可及的昏聩到复归人性人情的浴火重生,寻找到只属于自己的、唯一的内心真实。

在此,我们不能不提及在莎士比亚出生那年去世的法国著名宗教改革家加尔文,他的思想对莎士比亚写李尔,在思想认识上产生了潜移默化的影响。比如,加尔文说:"假如孩子不知是谁生了他,并把他养大,这是极不自然和十分丑恶的事。所以,要是有哪个孩子蔑视父母,那他就是一个邪恶的怪物,会令所有人生厌。"显然,莎翁用他的如椽巨笔,把高纳里尔、里根、埃德蒙,刻画成"令所有人生厌"的"邪恶的怪物"。加尔文说:"人与动物在肉体上没有根本区别。"莎翁让暴风雨中的李尔体会到,人一旦精赤条条,不过一个两脚动物而已。

现在,我们来看发生在葛罗斯特身上"一明一暗"的第二个对比。这个对比其实也来自"一切",简单说来就是:作为嫡生长子的埃德加将合法继承父亲葛罗斯特的一切,而这一切正是私生子埃德蒙要蓄谋"合法"攫取的。埃德蒙伪造信件、信口雌黄、栽赃陷害埃德加,怒发冲冠、情急忘智的葛罗斯特几乎没动脑子便轻信了他编织的这一骗局,随即发布通缉令,追杀埃德加。为求生存、亡命天涯、来日复仇,埃德加不得不自虐肉身,把自己扮成一个疯疯癫癫的乞丐——可怜的汤姆。埃德蒙一计得逞,天赐良机,再生一计,打定主意要把父亲托付的密信交给康沃尔,置父亲于不义:"这可是我邀功请赏的大好时机,我父亲为此失去的一切,定会如数归我所有。"果然,埃德蒙不仅立即攫取到伯爵头衔,父亲竟以叛国通敌的罪名遭通缉,被残忍的康沃尔挖去双眼。

"一切陷入黑暗,没有一丝安慰!我儿子埃德蒙在哪儿?埃德蒙,燃起你的天良孝心,替我向这惨绝的暴行复仇。"始终蒙在鼓里、双眼淌血的葛罗斯特呼喊着埃德蒙的名字,里根一字一顿咬牙切齿地告诉他:"背信弃义的老贼! 你居然在叫一个恨你的人。你反叛的阴谋,就是他揭发的。他真是太好了,好得丝毫也不会同情你。"葛罗斯特这才恍然惊醒、悔恨至极:"我愚蠢至极啊! 这么说,我错怪了埃德加。仁慈的上天,饶恕我,保佑他有福吧!"

当葛罗斯特是一个明眼人的时候,心是糊涂的,眼盲失明却令他看清了世相。但一切都晚了,他想好了要跳崖自杀。求一死以脱离生命的苦海,"啊,万能的众神! 众神在上,我要抛弃这个尘世,平静地从生命剧痛中解脱出来。"好心人把他领到可怜的汤姆那儿,此时,他怎么会知道,又怎么能想到这个疯乞丐竟然是被他错怪冤枉的埃德加。埃德加不仅以一种不无戏谑的游戏方式救了父亲,使他相信自己获得重生,打消了轻生的念头,更使他树立起忍受痛苦、坚韧生活的信念。最后,当埃德加在与埃德蒙决斗之前,将一切的真相向父亲和盘托出时,"他那颗本已破碎的心,——唉! 太脆弱了,怎么受得了这样的一悲一喜! 在这一悲一喜两种极度情绪的强烈刺激下,他的心含着笑碎了。"

在一切的真相揭开以前,埃德蒙的"一切"不仅没有终止,甚至还在持续发酵。当战事结束,奥本尼要埃德蒙交出包括李尔和考狄利娅在内的所有战俘,并不屑地表示埃德蒙只是理应服从听命的下属。这下惹恼了里根,她马上当众对埃德蒙宣布:

"将军,我的士兵、俘虏,以及我继承的产业,你都拿去;这一切,还有我本人,任由你调配;连同我这身心的堡垒,也是你的。让全世界为我作证,从现在起,你就是我的夫君和主人。"而这又正是高纳里尔最担心的,所以在开战前就表示:"我宁愿这一仗打败,也不愿我妹妹把他从我身边夺走。"

就在埃德蒙得到里根赋予他的一切的时候,他也开始失去这一切:先是奥本尼宣布埃德蒙"犯下十恶不赦的谋逆叛国罪",继而命令吹响军号,一身骑士装扮要跟埃德蒙一决生死的埃德加出现了。埃德加一直在等待、期盼这一时刻的到来。正如他在与父亲相认之前,对父亲所说的:"天之降大任,成熟是一切。"

随着埃德蒙在决斗中受了致命伤,一切都变得清晰起来。知道了所有真相的奥本尼,痛斥埃德蒙是一个"比一切罪名更恶的奸贼"。奄奄一息的埃德蒙,无奈地喘息:"一切都过去了,我也要死了。"一见李尔怀抱着考狄利娅的尸体,奥本尼哀鸣:"让天塌下来,毁灭一切吧!"对于肯特,则"一切都是那么惨淡、黑暗、死气沉沉"。见此悲情惨景,埃德加仰天长叹:"一切皆枉然。"奥本尼心中掠过一丝欣慰:"一切仇敌必将饮下他们所应得的苦杯。"悲号考狄利娅的李尔气绝身亡。到此时,所有的一切都在枉然中结束了。

在这"一切"演进的过程中,"对比"一刻也没有停止发挥作用。

首先,我们看葛罗斯特,从他跟肯特那样的提起埃德蒙:"他妈妈是个美人儿,当时那真是销魂的一刻。这野种我是非认不可。"即可断定,这是一个典型的深谙人情世故的伯爵。对比在于,这样一个极易上当受骗的老伯爵,究竟还是一位富有人情和正义感的忠臣,在李尔被赶出城堡之后,他就下了必死的决心去救李尔:"豁出去是个死,——他们的确以死相威胁,——可我对国王,我的旧主,死也要救。"见到李尔,他也说得十分坦诚:"作为您尽责的臣仆,我不能遵从您两个女儿下的死命令:尽管她俩严令我紧闭门户,把您丢在这狂暴的夜里受罪,但即使冒风险,我也得出来找您,带您去一个能烤火和有东西吃的地方。"生死关头,若不是这位圆滑世故的老臣及时通风报信,提前套好车马,让肯特迅速带着李尔一行赶往多佛,李尔必死无疑。

而葛罗斯特自己,为此背上反贼的罪名,付出被挖去双眼的惨痛代价。但这让他看清了一切!他应无时无刻不在痛悔自己轻信埃德蒙谎言的时候,斥骂埃德加为"忤逆不孝、令人憎恶、粗鄙野蛮的恶棍!简直禽兽不如!"到头来,这句话却正好不折不扣地罩在埃德蒙头上。对比总是来得这般无情!

其次,我们看埃德蒙,这位绝对自私、唯我至尊、极端利己的马基雅维利主义者。他是那个时代敢为天下先的"新青年",发誓只尽忠效命于他唯一的女神——"大自然"——法律:"我残忍、淫荡的天性也是上天注定的。"仅从葛罗斯特对埃德蒙的轻信,反过来看埃德蒙,我们顿时感到心惊,他早把葛罗斯特和埃德加这对亲父子琢磨透了:"一个轻信人言的父亲,一个心灵高贵的哥哥,他们秉性善良,不做害人之事,也不防人所害。""既然诚实到了愚蠢的份上,我的计谋便可轻易得手。"再以此对比来看考狄利娅,她也是"诚实到了愚蠢的份上",才得以让高纳里尔和里根的阴谋毒计得手。

再次,我们来看埃德加。面对死亡,他是一名坚韧不拔的强者。面对诬陷、通缉,为了逃命,他藏在树洞里躲过一劫,为求生存,把自己打扮成疯乞丐"可怜的汤姆",变成一个"可怜巴巴、精赤条条的两脚动物",受尽磨难,饿了靠吃青蛙、老鼠及小动物充饥,渴了"喝一潭死水上漂浮的绿沫子"。同父亲相认之前,当他发现父亲又动了寻死的念头,说了一句十分有力的劝慰话:"怎么,又想一死了之? 生死由命,成败在天,人必须承受天命的安排。"一副笑对死亡的从容,并透出一股大义凛然的勇武之气。

最后,他要做的就是一个敢于决一生死的骑士! 当李尔、考狄利娅父女双双被俘,他知道,自己挑战埃德蒙的决斗时刻到了。"成熟是一切。"指的是命运安排的时机成熟了。表面上看,他要一切顺应自然,听凭命运的安排。实际上,他对生死未卜的决斗充满信心。最终,作为自我命运的主宰者,他不仅先是把父亲"从绝望中救了回来",还在决斗中打败了十恶不赦的埃德蒙,为自己、为父亲、为李尔、为考狄利娅报仇雪恨!

由此,我们再来审视,当发了疯的李尔遇到打扮成形如禽兽的埃德加,埃德加假托疯话对人的兽性做了一番深邃的描述:"一开口就满嘴誓言,再当着笑容可掬的上天的面儿,将这些誓言一个个打破:梦中惦着淫乐事儿,一觉醒来就去干;……一颗奸佞狡诈的心，一对偏爱流言的耳朵，一双残忍嗜血的手；像猪一样懒惰，狐狸一样诡秘，狼一样贪婪，狗一样疯狂，狮子一样凶残。"他所说的一切，正是高纳里尔、里根、埃德蒙他们仨兽性灵魂的真实写照。

真诚善良的考狄利娅与阴毒狡诈的高纳里尔和里根亲姐妹之间、埃德加与埃德蒙同父异母兄弟之间，其善恶的激烈对比本身，就是冲突，就是生死较量，每一次冲突，每一次较量，都无不彰显出，考狄利娅这一形象代表了人性中的善良天使，高纳里尔、里根、埃德蒙则是作恶人间的魔鬼撒旦。

然而，令我们感到痛心、叹惋的是，考狄利娅选择忠实于自己内心的那一刻意味着，她选择了遭放逐与受苦难。

麦克白：邪恶的贪欲与毁灭

为什么正直的麦克白会在妻子的唆使下，害死身为一国之君的恩人，"变成一个嗜血的怪物"？说起来很简单，因为野心燃起邪恶的欲望之火。

莎剧《麦克白》中，路遇三女巫之前的麦克白，称得上是一个正直善良、效忠国王、保家卫国、骁勇善战、浴血疆场、视死如归、没有一丝邪恶的人。尽管剧中并未点明麦克白道德高尚，但从他弑君前后异常纠结的心理活动看，算得上一个有过美德的人。

第一幕第三场，三女巫一连三个预言——"格莱米斯伯爵""考德伯爵""未来的国王"，惊醒了麦克白心底沉睡的邪欲，使他想当"未来的国王"的欲念蠢蠢欲动。

怎么当呢？"这一诡异神奇的劝诱，既不可能出于邪恶，也不可能出于良善——假如出于邪恶，为什么一上来就用一句灵验的预言，给我成功的保证呢？我现在已经是考德伯爵了。假如出于良善，为什么我稍一屈从那劝诱，脑子里的可怕景象便立即使我毛发倒竖，平稳的心也一反常态地突突直跳，撞击着胸肋？可怕的想象总是比实际的恐惧更凶险：我心里闪过的谋杀欲念，还只不过是冥思玄想，却已使我整个身心震颤不已，身心的功能都在这冥思玄想中窒息,除了那虚无的想象,什么都不存在了。"麦克白的脑子里已清晰地浮现出谋杀邓肯的可怕景象。但他一方面害怕犯下不可饶恕的弑君之罪:"假如命运要我为王,也就是说,自有命运为我加冕,不用我亲自动手。"另一方面,又觉得命运不能等,必须"亲自动手""要发生的时间挡不住,最糟的日子终有尽头"。

从表层看,莎士比亚用这么一大段旁白来揭示麦克白的心理活动,已十分精彩。若再深一层审视,则会发现莎士比亚更为巧妙的艺术匠心。第四场,邓肯表达对判了死罪的考德伯爵的极度痛心:"世上没有一种法子能让你从一个人的脸上看透内心:我曾把他视为君子,绝对信任。"这话像谶语一样,转瞬就落在继任的"考德伯爵"麦克白身上。邓肯对考德伯爵绝对信任,结果考德伯爵投敌叛国,被他判处死刑;邓肯对麦克白同样绝对信任,因他平叛有功,封赏他继承考德伯爵的尊号,还一度赞誉他是"我当之无愧的考德"。结果正是这个新"考德伯爵",要了邓肯的命!

邓肯真是一位对麦克白好到无以复加的国王,这就更反衬出麦克白弑君的残忍恶毒。为让麦克白获得接待国王的尊荣,邓肯要御驾亲临麦克白城堡。邓肯人还没到,得到丈夫密信的麦夫人已下决心,要用自己的巾帼豪勇去掉丈夫天性里的人情味儿,要叫丈夫的野心同阴毒邪恶做伴为伍。实际上,第一幕第七场麦克白"夫妻斗嘴"那场戏,上演的是麦克白夫人的魔性邪恶与麦克白一息尚存的美德(或曰所剩无几的正直)之间的决斗。结果,美德、正直被魔性邪恶打得惨败,麦克白亦由此迈上"踏血前行"的不归路。

麦克白想不到,自己这个在战场上杀敌如麻、踏血如泥的大无畏英雄,竟会在弑君的路上惊恐不安、举步维艰:"在我眼前摇晃的,不是一把短剑吗?剑柄正对着我的手。来,让我抓住你——我抓不到你,却总能看见你。不祥的幻影,难道你只是一件只可感知却摸不到的东西?或者,你不过是想象中的一把短剑,是从狂热的大脑里形成的虚妄的造物?但我仍能看见你,那形状就像我现在拔出的这把短剑一样清晰。(拔出短剑)是你引我走向现在的路;原来我竟是要用这样一件利器。"

麦克白想不到,弑君之前,自己要经历一番可怕的折磨,自己竟"鬼鬼祟祟像个幽灵似的,一步一步接近他的目标——你这坚固的大地,不要从我的脚步声听出方向,因为我怕连路上的小石子都会泄露我的行踪,从而打破正该此时才有的令人惊恐的死寂……我依然能看见你,你的剑锋和剑柄上滴着血,刚才还不这样——根本就没有这么个东西:那形状只是血腥的谋杀在我眼前弄出来的"。

麦克白更想不到,随着邓肯在熟睡之中被他杀死,更可怕的折磨降临了:"我好像听到一声喊:'别再睡了,麦克白谋杀了睡眠——那是清白无辜的睡眠……'"他如惊弓之鸟,吓得拿着杀人凶器来见夫人,遭到奚落、耻笑。他再次出现了幻觉:"一有声音就吓得够呛？这是什么手？哈！它们要挖出我的眼睛。"

麦克白在后悔,后悔里也透出些忏悔:"我清楚自己干的事,但最好我已不认识自己。"他多么希望邓肯不是他杀的,可是,伴着弑君生出的恐惧已像沾在手上的血污一样,洗不掉了。

"假如我在这惨祸发生前一小时死去,我就是活了幸福的一生,因为从这一刻起,我的人生已毫无严肃可言—— 一切都只不过鸡毛蒜皮:尊崇和荣誉死了;生命的美酒已喝干,酒窖里只剩一些残渣扬扬自得。"

是的,假如麦克白在弑君前一小时死去,他就是一个忠勇、正直、具有美德、活了幸福一生的"格莱米斯伯爵"和"考德伯爵"。因为那时麦克白毕竟没有把邪恶的欲望变成罪恶的行径。可在他将利剑挥向邓肯的一瞬间,维系他人性中正直、美德的最后一个挂钩脱落了。麦克白成为弑君的罪犯。

不过,麦克白在犯罪前、犯罪时、犯罪后接连体验到的恐惧,还只是为人臣子的恐惧。他忘不掉杀人现场的血腥一幕,当麦夫人叫他把侍卫的两把剑放回原处,好栽赃陷害,他像个任性的孩子似的说什么也不回去:"一想起我干的事都怕,更不敢再去看。"这从后来赶到谋杀现场的侍臣伦诺克斯的话反映出来:"他们都二目圆睁,受了惊吓似的一脸惊恐。"这揭示出麦克白的凶残,显然,两个与麦克白相熟的贴身侍卫在被杀前那一刻,发现凶手是麦克白,"二目圆睁",眼神刚来得及透出惊恐,就没命了。这时,麦克白说了一句:"我后悔万不该一怒之下杀了他们。"这个"他们"，或许也包括邓肯。因为若想摆脱谋杀嫌疑，杀邓肯，就必须杀侍卫灭口。当麦克德夫质问："你为什么要杀他们？"他马上神志清醒地辩解道："邓肯躺在这儿，他银白的皮肤上镶满了金黄色的血，他身上那一道道创伤活像生命打开了缺口，这一个又一个缺口全都是毁灭的门户：两个谋杀者在那儿，浑身沾满了凶手的血污，还有那两把剑，满是血迹，不堪入目。但凡有一颗忠爱之心，而又有勇气彰显这忠爱之心的人，谁能忍得住？"

随着麦克白继位登基，三女巫的三个预言逐一应验，他深藏心底的恐惧升格为君王的恐惧。他记起三女巫的预言使他产生的两个疑惑，即他只是一人独自为王，班柯虽不能称王，但其后人将世代为王。这是一种莫名的恐惧，太可怕了！既然三女巫的三个预言无一不灵，那唯一可行的就是杀掉班柯，以绝后患。"她们给我戴的是一顶不结果实的王冠，往我手里放的是一根无后可传的权杖，为的是让一只与我的血脉毫不沾边的手把它夺去，我的子孙却不得继承。"麦克白誓与命运一搏，要让自己的后人永掌王权。

王权在握，麦克白不需要鬼鬼祟祟亲自去行刺，以免双手沾满大臣的血污。他命令刺客行刺"一定要在今晚办妥，动手时离王宫远一点儿；千万记住，一定撇清我的嫌疑"。更不需要夫人策划鼓劲、幕后操纵，以免又遭夫人奚落自己不像个男人。他运筹帷幄，密派杀手，不要半点"人情味儿"，誓要"一击致命"。他要在妻子那儿赢得一个男人的尊严和君王的威严。但他并不踏实,心里直犯嘀咕。《麦克白》非常耐人寻味的一点在于,麦克白在彻底沦为嗜杀成性的暴君之前,对夫人始终依赖,甚至有时表现得像个长不大的孩子。尽管他没事先将暗杀班柯的计划告知夫人,但他从夫人那里获得一份不亚于三女巫预言的邪恶助力,即他相信夫人说的,班柯父子的生命"是可以侵犯的"。这才使他从忧心忡忡变得欢快起来,决心让"坏事靠邪恶更使它变本加厉"。

然而,正当他以王者之尊在王宫大厅宴请豪门贵宾时,得到了班柯之子弗里安斯脱逃的消息。他一下子垮掉了,三女巫预言灵验的神力让他瞬间意识到:"大蛇躺在那儿,那逃走的小虫,按其天性迟早会生出毒液,只是现在还没有牙。"班柯的幽灵也一下子冒出来,坐在他国王的宝座上。

整个王宫大厅,只有麦克白一人能看见头上带血的班柯的幽灵,"从前,脑浆子流出来人一死,就完事儿了;可现在,他脑袋上被砍出二十道致命伤,却又跑到这儿来,占了我的位子:这比这桩谋杀还要奇怪"。这里显示出,被麦克白暗杀的班柯,比此前不久被他谋杀的邓肯更可怕。事实上,作为臣子的麦克白从来不怕国王邓肯,却惧怕同为朝臣的班柯。如果说以前对班柯更多的是一种敬畏,因为班柯具有"高贵的天性";谋杀邓肯之后,对班柯则时常感到心里发毛,"跟马克·安东尼一见恺撒就发怵一样"。他怕班柯的幽灵,更怕活着的弗里安斯。他变得狂躁不安,冲着班柯的幽灵惊呼,"你们可不能说这是我干

的：你们的头发沾满了血，别再这么冲我摇晃"。面对夫人嘲笑
"你是条汉子吗？""你的男子汉气概呢？"他一边自我解嘲，"一
条血性汉子，连魔鬼看了心惊胆寒的东西，我都敢盯着它目不
斜视"，一边给自己壮胆，"你的骨头没有骨髓，你的血是冷的：
你直勾勾瞪着的眼睛，根本就没视力！""走开，可怕的幽灵！
走开，虚假的幻象！"

麦克白的恐惧非但没有随着班柯的幽灵一同消失，反而因
对麦克德夫顿生疑心，提升到最可怕的暴君级。精神越受折磨，
内心的恐惧越厉害。事已至此，他必须主动（其实还是被动）去
找早就为他设计好新的命运、恭候多时的三女巫。他明白，他只
剩最后一招："非要用这最邪的办法，从她们嘴里知道我最惨的
结局不可。为了我的利益，其他所有的一切都得让路：我已在血
泊中走了好远，若不继续踏血前行，回头路也一样令人厌烦。"

贵为君主的麦克白国王再见到三女巫时，已没了头一回的
客气："假如你们能开口说话，告诉我你们是什么人？"这一次，他
的话比当初班柯对三女巫的呵斥更难听："你们这些隐秘、邪恶、
夜里欢的女巫！这个时候在干什么？"

莎士比亚为了在这部篇幅不长的悲剧里把欲望和恐惧演绎
得热闹、好看，真是绞尽脑汁，他把第四幕第一场设计成麦克白
与三女巫的"斗法"，与第一幕第七场的"夫妻斗嘴"相映成趣。
不过这次，莎士比亚换了花样，他不再让三女巫口授预言，改由
三个幽灵（"命运的神灵"）逐一亮相、预言，并专门为麦克白演了

一出"八代帝王的哑剧"。三个幽灵的预言和哑剧,揭开了麦克白将掉进欲望的惨烈战场(或曰欲望的绝望深渊)的序幕。

麦克白妄想凭借王权,从三女巫那里获得主宰自己命运的权力,从此高枕无忧。此时此刻,他只关心王权能否永固。

因此,他不关心第一个幽灵是"一颗戴盔的头颅"——这预示他未来的命运将是头颅被麦克德夫砍下后交给玛尔康;而只关心预言:"当心麦克德夫,当心费辅伯爵。"

他不关心第二个幽灵是"一鲜血淋漓的婴儿"——这暗示麦克德夫不是由母亲产道自然落生,而是剖宫产的婴儿;他只关心预言:"要残忍、大胆、坚决;你只管对人的力量轻蔑一笑,因为没有一个女人所生的孩子伤得了麦克白。"

他不关心第三个幽灵是"一头戴王冠的孩童,手拿一根树枝"——预示班柯的子孙将头戴王冠,世代为国王;手拿树枝,则预示玛尔康将手拿一根伯南姆森林的树枝前进;而只关心预言:"性情要像狮子一样凶猛、骄狂,谁惹你发怒,谁招你气恼,或有谁在哪儿密谋造反,你根本不用理会:若非有一天,伯南姆大森林的树林移动到邓斯纳恩的高山上来攻击麦克白,他永远不会被征服。"

于是,麦克白安心了:"叛乱的头颅永不能抬起,除非伯南姆的树林起来造反,我们至高无上的麦克白将寿终正寝,尽可安心颐养天年,不会死于非命。"对呀,埋入坟墓的班柯怎么可能再抬起头来?伯南姆森林怎么可能移动?世上怎么可能有不是女人所生的孩子?

突然,麦克白像明白了什么,他追问三女巫:"我悸动的心还想知道一件事:告诉我——假如魔法足以让你们解答我的疑惑,班柯的子孙会不会在这王国君临天下?"

终于,麦克白看懂了"哑剧":"头发上沾满血污的班柯冲我微笑,向他的后世子孙表明,他们将世袭这金球和权杖所象征的王权。"因此,当三女巫倏然间遁形消失以后,麦克白对前来报信的伦诺克斯说:"凡信她们的都该受诅咒下地狱!"

第一个幽灵发出的要麦克白"当心麦克德夫"的预言,同他自己对麦克德夫的疑心不谋而合。他对性命攸关的这条预言深信不疑,却一点儿也不信伯南姆森林会移动,更不相信天底下有哪个孩子会不是女人所生。于是,他开始变成一头凶猛、骄狂的狮子,"残忍、大胆、坚决"地传命突袭、血洗麦克德夫城堡。可他怎么也没料到,麦克德夫早已"当心"暴君下毒手,抛妻弃子,独自逃往英格兰,投奔玛尔康。三个幽灵的预言显而易见,麦克德夫作为那个"鲜血淋漓的婴儿",已受到"命运的神灵"的护佑。

暴君麦克白的残忍逼得"不忠的伯爵们"一个个逃往英格兰,深深的沮丧使麦克白悲观厌世:"我活够了,我的生命已像那枯黄的秋叶,日渐凋零。"但他依然寄望于那最后两根救命稻草,死也不放手:"只要伯南姆的树木不移到邓斯纳恩,没什么能给我吓出病来。""因为没有一个女人所生的男人伤得了你。""我不害怕死亡,也不害怕覆灭;只怕伯南姆森林移到邓斯纳恩。"

听到夫人的死讯，麦克白显得十分淡定，一点也不惊讶："不定哪一天，她势必会死。"但倏忽间，麦克白从她的死感到了人的生命过程徒劳无益，不过是在等着耗尽光阴的最后一秒钟，慨叹："人生不过一个行走的影子，一个可怜巴巴的演员，他把岁月全花在舞台上装模作样、焦躁不安地蹿来跳去，一转眼便销声匿迹。"事实上，杀了邓肯之后，麦克白即已陷入无尽的身心折磨，无力自拔。"我们与其这样在恐惧中进餐，每夜饱受这些噩梦的折磨，还不如索性把有序的宇宙击碎，弄它个天崩地裂：为满足自己的欲望，我们把别人送上死路，与其这样让精神在肢刑架上陷入无休止的疯狂，还不如索性与死人做伴。"他一边懊悔，一边厌世；一边恐惧，一边信誓旦旦继续"踏血前行"。犯罪前体验到的恐惧，都没能阻止他"踏血前行"弑君的脚步，犯罪之后，他只有更加残暴、血腥。

因此，他宁愿做一个行尸走肉的暴君，也不甘百无聊赖地死去。面对玛尔康、麦克德夫统率的英格兰、苏格兰联军的征讨，他毫不示弱："不杀到把我的肉从骨头上一片一片砍下来，决不罢休。"面对伯南姆森林兵临城下，他毫不气馁："敲响警钟！吹吧狂风，来吧毁灭；/至少我们要身披盔甲、战死沙场。"面对即将来临的厮杀，他毫不畏惧："凡是女人生的，我谁都不怕；我只怕有谁不是女人生的。"他不费吹灰之力劈杀了小西华德后，更倨傲得不可一世："凡女人所生之人，利剑出鞘，/我一律嗤之以鼻，付之一笑。"直到麦克德夫纵马赶到，一声断喝，他依然踌躇满志:"你白费力气。叫我流血,那就像你想用锋刃的利剑,给不怕砍的空气划出伤痕一样难。……我有符咒护佑,命中注定但凡女人所生,没人伤得了我。"

肩负着为邓肯、为班柯、为全家、为所有被暴君杀死的无辜生命报仇雪恨的麦克德夫,怒斥麦克白别指望什么符咒:"麦克德夫还没足月,就从娘肚子里剖出来了。"

麦克白崩溃了:"愿说出这句话的舌头遭诅咒,因为它吓得我丧失了男子汉的勇气!""千万别再信那些骗人的魔鬼,他们拿有双重意义的暧昧话耍我们,只顾嘴皮子信誓旦旦地过瘾,却让我们的希望破灭!"

麦克白被麦克德夫砍头身亡。实际上,是野心欲望这剂万恶的毒药杀死了麦克白!

四大喜劇

然而这主体的……神……任何……必然……同时……三位一体的悲剧、喜剧、神怪剧样样俱全……所及……奥林匹斯……此……被称为哲学家和诗人……莎士比亚……骇人听闻……属于市场上的剧院……恐怖，便是奥……仙境……《仲夏夜之梦》……一个极乐世界一样不缺。……羞怯的仙女……历史剧……体贴入微，畅用到文性……一切达到可能性……他展开一……是比的戏……谁也可……

——［法］雨果

《仲夏夜之梦》的"情之殇"：真爱之路永不平坦

不知有多少观众（或读者）会留心，《梦》剧第一幕一开场，现实的冷意已从婚礼的喜信儿中透露出来。雅典公爵提修斯在巍峨堂皇的宫殿向"美丽的希波丽塔"宣布"我们婚礼的那一刻快到了"，沉浸在蜜甜幸福里的希波丽塔开始期待，四天后"月亮便像夜空中一张新弯的银弓，观看我们的婚礼庆典"。但紧接着，提修斯话锋一转，道出喜从何来："我是手持利剑向你求婚的，本想伤害你，却赢得了你的爱情。"

这不就是情之殇吗？

戏文在此一语带过，毫无渲染，足见莎士比亚要把提修斯公爵写成一位伊丽莎白时代喜欢打猎、喜欢听犬吠与号角和鸣的英国贵族绅士，而非远古征战杀伐的雅典君王。按古希腊传说，提修斯是在征服亚马孙女战士族的战斗中，爱上亚马孙女王希波丽塔，将她俘虏，"手持利剑"向她求婚。

当然，话可以反过来说，被征服的亚马孙族女王希波丽塔爱上了征服者提修斯。总之，提修斯通过征服赢得爱情，英雄抱得美人归，心满意足。为让这位昨日的战利品、四天之后的公爵夫人高兴，他真心承诺："这次，我要给你另一种情调，婚庆大典要搞得豪华,要万众狂欢、尽情欢宴。"言语间透着温情,毫无战争的血腥气。

然而,试想,假如希波丽塔面对征服者的利剑拒绝爱情,结果会怎样?毫无疑问,必将牺牲美丽的青春生命!由此一想,年轻人必须遵从父命、不得自由选择爱情的雅典法律,不俨然变成一把横在渴望自由恋爱的情人脖颈上的利剑吗?于是,提修斯的"利剑"成了一把双刃剑,具有了双重象征意味,它既可以为提修斯赢得爱情,也可以将雅典青年的自由恋爱杀死。

所以,当伊吉斯"带着一肚子烦恼"来到公爵府,向提修斯指控女儿赫米娅不肯听从父命嫁给德米特律斯,是那么理直气壮:"假若当着阁下您的面,她仍不答应嫁给德米特律斯,我就请求行使雅典古已有之的特权:她既是我女儿,我便可随意处置。对这种情形,我们的法律有明文规定,要么她嫁给这位先生,要么立即受死。"

古雅典法律规定,父亲对儿女享有生杀特权,如果儿女有违父命,父亲有权处死儿女。面对这严苛无情的法律利剑,作为雅典公爵,提修斯必须维护,他心怀善意向赫米娅反复强调:"你要当即决定,是违背你父亲的意愿准备受死,还是遵从他的意愿嫁给德米特律斯;要不然,就得到狄安娜的祭坛前立下誓言,简朴一生,终身不嫁。""美丽的赫米娅,切实准备让你的情思遵从父亲的意志,否则,雅典的法律——我无权减轻法律——将判你受死,或判你发誓独身。"

现实世界多么冷血残忍！

法律之剑架在脖子上，怎么办？希波丽塔因为爱提修斯，才答应他"以剑求婚"，实际是以剑逼婚。

可赫米娅对德米特律斯一点儿不爱，她爱拉山德！这对恋人不甘屈服，要为恋爱自由据理抗争。赫米娅先探问提修斯："恳请大人宽恕。不知哪儿来的一股力量使我如此大胆，也不知当您的面为真情一辩是否合乎做女人的贞淑贤德；但我敢问大人，要是我拒不嫁给德米特律斯，落在我头上的厄运会有多糟？"她得到的答复是，非死即独身。而且，提修斯用诗意的语言告诫，在世俗人眼里，女子结婚好比"提炼过精华的玫瑰"，一个女人若独身不嫁，则好比"孤芳自赏、自开自谢、凋枯在处女枝头的花儿"。"提炼过精华的玫瑰"是诗意的比喻，意指女性本身具玫瑰之美质，婚育后，玫瑰的芬芳在子女身上得以保留。

对此良言相劝，赫米娅无动于衷，她心意已决："我宁可如此自开自谢，大人，也不愿把我童贞的特权交给这位先生；要我心甘情愿接受他的强迫婚姻，我的灵魂不答应。"接着，拉山德一边向提修斯抗辩，争取爱的权利，一边指斥德米特律斯见异思迁、品行不端："比所有这些更值得夸耀的是，美丽的赫米娅爱的是我。既如此，凭什么我不能依法享有我的权利呢？德米特律斯，我可以当着他的面宣布，他曾向纳达尔的女儿海伦娜求爱，赢得了她的芳心：她，一位可爱的姑娘，迷恋，虔诚地迷恋，简直像偶像崇拜一样，迷恋上了这个道德败坏、变化无常的家伙。"同时，拉山德反讽德米特律斯："既然你已得到她父亲的爱：就让我得到赫米娅的爱。"他甚至激愤到"目无尊长"，用手指着伊吉斯，质问德米特律斯："你为什么不娶她？"

结果如何呢？伊吉斯绝情回答："没错，她得到了我的爱；——我的爱将把凡属于我的东西都给她；她是我的；——我要把我在她身上的一切权力都授予德米特律斯。"

赫米娅必须在四天后提修斯与希波丽塔"永结同心的那一天"做出抉择，要么遵从父命，嫁给德米特律斯，"要么受死，要么发誓永生不与男人来往"。

这时，拉山德和赫米娅意识到，恋爱自由绝非天经地义。显然，在世俗人眼里，女人结婚远比独身禁欲更幸福。然而，无论不可违抗的法定父命，还是必须遵循的世俗情理，都不能使自我意识觉醒的赫米娅屈服。她不再是一个传统乖顺的世俗柔弱女子，她是一个具有人文主义思想，试图从中世纪家庭、宗法桎梏中挣脱束缚，敢爱敢恨，敢于追求男女地位平等、争取婚姻自主的新女性。

同时，赫米娅还是一个珍视操守的贞洁女子。第二幕第二场，拉山德和她在森林里走得"头晕目眩""分不清方向"，拉山德提议："一块草皮足够让咱俩共枕同眠，/一心一床，两个胸膛一个信念。"并深情恳求："别拒绝我睡在你的眠床，/因为我这样睡，没一点坏心肠。"赫米娅心如止水，温柔婉谢："甜蜜爱人，出于爱情、礼貌，/还是请你要循规蹈矩睡远一点；/远到世人眼里合乎规矩的距离,/那便是对守身如玉的少男少女/合适的距离。晚安,甜蜜爱人。/愿你永不变心,直到生命尽头!"这也真实折射出那个时代的女性贞操观。

综观莎士比亚戏剧,赫米娅式个性鲜明、光彩照人的文艺复兴新女性,超过半打,除了《梦》剧中的赫米娅(或许可以勉强算上海伦娜),还有《无事生非》中的比阿特丽斯,《威尼斯商人》中的波西娅,《第十二夜》中的维奥拉、奥利维亚,《皆大欢喜》中的罗莎琳德、西莉亚。她们绝不艳羡那种能让女人成为像"提炼过精华的玫瑰"的、徒有其表的家长制旧式婚姻,她们要"用自己的眼光选爱人",哪怕"真爱之路永不平坦",必将遭受折磨,也要磨炼耐心,与"真心相爱之人"步入婚姻殿堂。

对于赫米娅和拉山德,幸福的唯一路径只有逃婚、私奔,哪怕"黑暗的巨口"很快"把它吞灭了:美好的事物这么快就陷于毁灭"。于是,当拉山德向赫米娅发出爱的召唤:"你若真心爱我,明天夜里就从你父亲家里偷偷溜出来;城外三里远有一片树林,有一回我遇见你和海伦娜在那儿过五朔节,我就在那儿等你。"赫米娅马上一口答应:"我向你发誓:明天我一定/在你指定的地点与你相会。"面对未来,他俩义无反顾,哪怕"这段姻缘像声音一样短暂,像影子一样飞逝,像任何梦境一样短促,像暗夜里的闪电一闪而过"。

拉山德的话透出,他对爱情的未来并无把握,"即便两情相悦,战争、死亡,或疾病,也会来围攻它",因此,这段姻缘很可能像"声音""影子""梦境""暗夜里的闪电"一样,稍纵即逝,难以捉摸。简言之,爱情充满了莫测的变数,这变数在他们稍后不久进入"梦幻"世界的森林时,瞬间化为现实。

事实上,单就《梦》剧中"性格刻画不深入"的几个人物来说,赫米娅的现实感最强,也最鲜活。剧中在刻画她对拉山德忠贞不渝爱情的同时,将她性格的两面性勾画出来:一面是悲悯仁慈、重情重义的天使心,一面是脾气火暴、嘴不饶人的女汉子。赫米娅同情闺蜜好友海伦娜的不幸遭遇,海伦娜苦恋对自己不屑一顾的德米特律斯,德米特律斯狂追对自己毫无感情的赫米娅。以下对话把身陷爱情困局的两个怀春少女间真挚的闺蜜情谊和微妙复杂的心绪,有声有色逼肖地描绘出来:

赫米娅　我向他皱起眉头,可他依然爱我。

海伦娜　啊,愿你蹙眉的本领教会我微笑。

赫米娅　我对他发出诅咒,他却回报爱情。

海伦娜　哦,愿我的祈祷也这样叫他动心!

赫米娅　我越是恨他,他越是使劲儿追我。

海伦娜　我越是爱他,他越使劲儿讨厌我。

赫米娅　海伦娜,他发傻犯蠢不是我的错。

海伦娜　错在你的美貌;但愿我有这个错!

为打消海伦娜的忧思愁苦,并希望德米特律斯回心转意,赫米娅向她透露了逃婚的秘密："放心吧：他再也见不到我这张脸;/拉山德和我就要逃走,远离此地。"拉山德则安慰海伦娜说:"愿德米特律斯迷恋你,像你迷恋他一样!"

可是,海伦娜并不开心。她弄不懂,既然"全雅典都承认我跟她(赫米娅)生得一样美丽",德米特律斯为何偏偏爱她,不爱自己?! 她深感爱情好像罗马神话中小爱神丘比特一样"有翅、无眼",因为"爱情只是用心灵看,根本不用眼睛,/因此生出双翅的丘比特被画成瞎眼。/爱情的心灵,没有一点理性的判断;/有翅、无眼,正象征爱情鲁莽轻率;/所以呀,爱神被人说成是一个孩子,/因为他选择的时候经常受骗、出错。/正如顽皮的孩子常毁约食言闹着玩,/那个小爱神也经常到处发誓不算数。"

试想,爱情"生出双翅"可以飞,但盲目"瞎眼",方向呢? 海伦娜找不到方向! 她本以为,一旦将赫米娅逃婚的消息告知德米特律斯,便可断了德米特律斯追求赫米娅的念头,她与德米特律斯相爱自然水到渠成。哪知德米特律斯得到消息,便一路狂奔,非要追到赫米娅不可。海伦娜则只有继续被动、盲目地一路紧随德米特律斯。

比起性情倔强、豪爽,具有清醒自我意识的赫米娅,海伦娜最大的性格特点是逆来顺受。除了不顾一切死追德米特律斯,她似乎算不上一个新女性。

第二幕第一场,当德米特律斯心生厌烦地告诉她:"我不爱你,别一路跟着我。拉山德和美丽的赫米娅在哪儿? 一个我恨不能杀了他，另一个却能要我命。"海伦娜的回答是："你这块狠心的吸铁石，吸住了我。可你吸住的不是铁，因为我的心像钢一样坚贞；你只要放弃磁力，我便也无力再跟着你。"喜新厌旧的德米特律斯心如铁石，绝情反问："我引诱你了？我对你好言好语过吗？正相反，我不是明白无误地告诉你，我不爱你，也不可能爱你吗？"海伦娜的回答一定叫今天的女性主义者大跌眼镜，她执意表示："你这样，我反而更爱你。我是一条向你摇尾乞怜的狗：德米特律斯，你越打我，我越巴结你。就把我当成你的狗吧，踢我，打我，冷落我，不理我；尽管我配不上你，但只要你让我跟着你，怎么都行。在你的爱情里，我还能乞求到一个，——对我是礼遇，——比当你的狗更卑贱的位置吗？"

德米特律斯哪儿有心思跟海伦娜纠缠，再次亮明底线："别太惹我厌烦，我一见你就闹心。"海伦娜毫不在意，痴傻地说："可我一不见你就闹心。"德米特律斯烦透了，狠心说："我要逃开你，藏到丛林里去，让野兽对你发慈悲吧。"海伦娜情字当头，心无所惧："最凶残的野兽也没你心狠。"

情人真是疯子！

第三幕第二场，被小精灵错点魔药的拉山德疯狂爱上海伦娜，致使赫米娅、海伦娜这对昔日闺蜜反目成仇，也使两位女性表现出不一样的鲜明个性。

赫米娅难以相信、更难以接受拉山德爱海伦娜这一事实，她质问拉山德："什么！你还能做出比恨更伤害我的事来吗？恨我！为什么呀？天哪！我的爱,这究竟怎么回事？我不是赫米娅吗？你不是拉山德吗？现在的我和以前的我一样美丽。昨晚你还爱着我;但昨晚你离我而去:难道你真要离开我,——啊,上帝不允许！——我可以这样想吗?"不想拉山德一口承认:"是的,以我的生命起誓,我从没想过要再见你。因此,放弃希望,既别疑,也别问;我的话千真万确,没一句假的:不开玩笑,我恨你,我爱海伦娜。"这让她一下子以为是海伦娜搞的鬼,骗了她,马上向海伦娜发飙:"你这骗子！你这花蕾里的蛀虫！你这偷爱窃情的贼！怎么着！你趁着夜色溜过来,把我爱人的心偷走了?"她甚至向身材比她高大的海伦娜动起手来。稍后,当她误以为德米特律斯杀了拉山德,先是疯了一般痛斥:"一定是你谋害了他,绝不可能是别人;/因为只有凶手的表情才如此恐怖狰狞。"继而泼妇似的谩骂:"滚,恶狗！滚开,贱狗！我受不了你,/我的容忍已超出女人耐心。你杀了他?"

　　德米特律斯的眼睑上被奥伯龙"渗入"花的汁液,一下子放弃了疯狂追求的赫米娅,又掉回头疯狂追求起海伦娜:"海伦娜啊！女神、仙女、完美、神圣！/我的爱人,我要用什么来比你的双眼？/连水晶都嫌污浊。你的嘴唇多么丰润,/啊,多诱人,分明是两颗樱桃在亲吻!"这可把海伦娜搞糊涂了,她先是责怪拉山德和德米特律斯:"你俩是一对竞争者,争着爱赫米娅,/你俩眼下又在争,争着嘲弄海伦娜:/你们戏耍一个可怜姑娘,逼她落泪,/真是大丈夫的功业,多么名誉体面!"而后又以为是赫米娅使的坏："害人的赫米娅！最没心肝的臭丫头！你竟跟他们俩合伙密谋，拿这种下三烂的闹剧折腾我？咱俩从前曾那么彼此交心，立下情同姐妹的誓言，只要咱们在一起，就会嗔怪急促的光阴，怎么这样快又把我们分离，——啊，这些你都忘了吗？"

但一向温顺的海伦娜"从不会使性子骂人，一点不知怎么跟人撒泼"，她"只是一个胆小的姑娘"。她只剩下了求情，她恳求赫米娅："好心的赫米娅，别对我这么狠。我一直都是爱你的，赫米娅，我凡事替你保密，从没冒犯过你；只有这次除外，因为我爱德米特律斯，所以把你们私奔到这林子来的事，告诉了他。他是追着你来，我是为爱追着他来；可他一直呵斥我、威胁我、打我、踢我，不，简直要把我杀了。事已至此，你若愿让我悄悄走开，我情愿带着我的愚蠢回到雅典，再不跟着你了。让我走吧：你看，我是多么愚笨，又是多么痴傻！"

赫米娅听得一头雾水，急忙辩解："听你说出这种过激的话，我很诧异。我没嘲弄你，倒像是你在嘲弄我。"海伦娜坚持认为："不是你撺掇拉山德嘲弄似的跟着我，赞美我的眼睛和面容？不是你指使你的另一个情人德米特律斯，——他甚至刚刚一脚把我踢开，——喊我女神、仙女、神圣、世所罕见、无比珍贵、超凡脱俗的吗？……我不像你那么讨人喜欢，有那么多求爱者穷追不舍，也没你那么幸运，最不幸的是，我爱上了不爱我的人，可这又如何呢？你可以怜悯我，却不该鄙视我。"

赫米娅因为拉山德移情别恋海伦娜，痛苦死了；海伦娜误以为赫米娅、拉山德和德米特律斯三个人合伙作践她,委屈极了;最后,德米特律斯又把海伦娜爱得要死,逼得拉山德要与他决斗。

四位雅典青年之间的错爱乱局,在第三幕第二场达到高潮。现实中的他们,谁也搞不清发生在森林里的这一切诡异离奇的经历到底是怎么回事,更不知如何收场。

作为梦幻喜剧,《仲夏夜之梦》的结局美好圆满,所有恋人喜结连理,终成眷属。

《威尼斯商人》：在夏洛克和基督徒之间

没有内在矛盾的张力，便不成其为戏剧，没有张力的戏剧像白开水一样无滋无味。也许莎士比亚真的并不具有原创"张力"的天赋，但从他把诸多"原型"故事精妙地融汇在一起，并编织、制造完美"矛盾"的艺术本领来看，的确是天才的大师手笔。

在《威尼斯商人》中，除了"公道"与"仁慈"这一对产生巨大张力的矛盾，方方面面的矛盾其实无处不在，而且，所有的戏剧冲突都是由这一重又一重矛盾构成的，当然，这些也都是莎士比亚精心设计的丝丝入扣的戏剧线索，例如：富商安东尼奥的钱都在海上，手里没有现款，面对好友巴萨尼奥的求助，他不得不向夏洛克抵押借债；浪荡绅士巴萨尼奥爱上贝尔蒙特美丽的富家小姐波西亚，却因累累欠债无力追求，他只能硬着头皮找安东尼奥再次张嘴借钱；继承了父亲的大笔遗产、待字闺中的波西亚，"自己情之所愿的，不能选；看不上眼的，也不能拒绝；就这样，一个活生生的女儿的意愿，被一位已死的父亲的遗嘱控制住了"。她必须通过"选匣"才能嫁给巴萨尼奥。

夏洛克与仆人兰斯利特之间，也存在张力。夏洛克积累家产，正如他对安东尼奥所说，是靠着"善于理财，会赚利息"，财富来之不易,持家自然勤俭,绝不"挥霍无度",他甚至嫌弃仆人兰斯利特"这蠢货为人还算厚道,只是太能吃;该他出力了,却慢吞吞地像只蜗牛;大白天的,比野猫还能睡。我家又不是懒汉的蜂房,因此,我把他打发走,把他打发给那个靠借贷度日的败家子,帮着他糟蹋钱"。而兰斯利特离开夏洛克,转而去侍候巴萨尼奥,某种程度上也是爱慕虚荣,因为他的"新主人"会专门为他定制"新制服"。

这里又引出另一重矛盾。在第一幕第二场,当波西亚的贴身侍女兼朋友尼莉莎发完一通感慨——"人太有钱,挥霍无度,容易早生白发,家道殷实,财产适量,才能活得长久。"——波西亚马上称赞实为人生格言。可是,她要托付终身的巴萨尼奥,不仅没有什么钱,而且是一个靠借债"挥霍无度"的人。最后,当他终于如愿把这位"心目中的女神"娶到手,并拥有了她"所拥有的一切"以后,得知安东尼奥生命堪忧,才实情相告:"我是一个绅士,这话一点不假。可是,亲爱的小姐,你会看到,即便我把自己说得一无所有,都是何等的夸大其词。我当初跟你说,我一无所有,其实那时我就应该告诉你,我比一无所有还要糟。因为,我向我的好友借钱,他为了供我开销,又向他的死对头抵押借钱。"这难道不是典型的爱情和仁慈让"浪子回头"的故事吗?

再来看夏洛克和女儿之间的矛盾。夏洛克心里十分清楚,独生女儿杰西卡是自己财产的唯一继承人,不用说,他以犹太人传统的父爱方式爱着女儿,而女儿却把家看作"地狱",决心跟相爱的洛伦佐私奔,逃离家庭;夏洛克爱钱不假,当他发现女儿逃离家庭时卷走了一小箱子金银珠宝,又气又怒又急,马上派人四处打探消息,"被贼偷走了这么多钱,还要再花这么多钱去找贼"。尤其当听说杰西卡在外面一晚上就消费八十块钱,更是心疼得要命,但他依然不惜耗费钱财要把女儿找回来。反过来,女儿是怎么做的呢? 在波西亚家,她向安东尼奥的那些基督徒朋友们"告发"了父亲:"我在家时,曾听他跟两个族人土巴和古实发誓,说宁要安东尼奥身上的一块肉,也不愿收他比欠款多二十倍的钱。阁下,我想,假如法律和当局都无力回天,可怜的安东尼奥怕要大难临头了。"所以,对于夏洛克来说,既然基督徒偷走了自己的女儿,又有千载难逢的机会,那就把内心积蓄已久的复仇火焰烧向安东尼奥。

这里更深一层的意味是:把家视为"地狱"的杰西卡,可以跟心爱的情郎私奔逃离,而有理由把威尼斯视为一座"地狱"的夏洛克,却无处可逃;杰西卡与洛伦佐相爱,便等于皈依了基督教,她把自己变成了一个快乐、幸福的基督徒,而夏洛克被迫放弃自己虔诚笃信的犹太教,这给他内心带来的撕心裂肺的痛苦,绝不亚于失去了女儿和财产。也就是说,到第四幕结尾时,夏洛克已变成一个改变了原来信仰,失去了唯一女儿,所剩财产死后即自动转赠女儿女婿的老人。多么孤独,又多么可怜! 今天,或许我们可以发出这样的一个疑问:这是上帝的仁慈吗? 显然,莎士比亚给出的答案是:无论安东尼奥,还是夏洛克,他们能大难不死,仰赖的都是上帝的仁慈,只不过仁慈的理由不一样,结果也不一样。

因此,《威尼斯商人》的这一"悲剧"焦点,完全纠结、集中、体现在夏洛克和安东尼奥的仇恨上。"世俗"的金钱在这一"世俗"的仇恨面前,完全变得软弱无力。

同样用"历史之眼"简单回顾一下,不难发现,夏洛克要割安东尼奥一磅肉报复这一"世俗"仇恨,无疑是处心积虑的。夏洛克谨遵犹太人的《摩西五经》,合情合理地"理财""赚利息",却被安东尼奥骂为"异教徒"和"凶残的恶狗",还往他的"犹太长袍上吐唾沫"。面对这样的奇耻大辱,夏洛克"总是宽容地耸一下肩,不予计较"。他琢磨出以"开玩笑"的方式跟安东尼奥签一纸契约,"写明,要是您不能在特定的某一天、某一地,将一笔特定的什么钱向我如数奉还,作为惩罚,我将依据契约,随心所欲挑好您身上的某个部位,精准无误地割下一磅肉"。这是因为他十分清楚,安东尼奥的全部生意就是他那些冒险的商船,而海上出没的"海盗"和"狂风怒涛、礁石险滩的威胁",是他赖以复仇的希望所在。一旦复仇的机会真的出现,他便从心底自然流露出基督徒眼里的"残忍",比如,萨拉里奥说:"我从不知道世上竟有这样一个人面兽心的畜生,如此凶残贪婪,一心只想毁掉同类。"(问题是,萨拉里奥把夏洛克视为"同类"吗?)当夏洛克在法庭磨刀,准备割肉时,格拉西安诺又教训道:"残忍的犹太人,别在鞋底磨,把刀放在灵魂里磨,才更锋利。但世上没有任何金属,没有,哪怕刽子手的斧头,也没有你阴毒嫉恨的一半锋利。""你的欲望像狼一样凶残嗜血、饥不择食、贪得无厌。"（问题是，当夏洛克庭审落败，兴高采烈、幸灾乐祸的格拉西安诺，"狠毒"地让夏洛克上吊自杀。）到了这个时候，绝望的安东尼奥不得不"准备好，以一种从容不迫的态度，去忍受他极端的凶残、暴怒"。

　　莎士比亚的夏洛克令人望而生畏，还在于他熟谙世故，胸有城府，他为了能置安东尼奥于死地，不忘未雨绸缪。离期限还剩两个星期的时候，他对土巴说："务必在此之前，替我花钱雇好一位警官。要是他到期不还钱，我就把他的心挖出来。如果把他从威尼斯除掉，我就可以随心所欲地做生意了。"当然，这句话也可以用来形容夏洛克是多么的阴险歹毒。

　　这是"世俗"得栩栩如生的夏洛克。对于基督徒们的"世俗"言行，莎士比亚并没让夏洛克说太多，也主要是任其自由而真实地"表演"。不过，夏洛克的这句话："瞧这些基督徒都是什么人，自己做起事来心狠手辣，便怀疑别人居心不良！"足以说明，在这位犹太商人眼里，这些"新"教徒们也不过是人形魔鬼。因此，他才会恶狠狠地发出警告："既然我是一条狗，可要当心我的毒牙。"

　　最后的结果是，夏洛克没能在法庭上如愿得到"公道"，"仁慈"以"公正"的名义，成为战胜一切的伟大力量。

　　单从这一点而言，或应两种可能性并存，一是莎士比亚了解，伊丽莎白时代的观众对中世纪一些关于赎罪的故事比较熟悉，二是他本人直接从中世纪描写借债人得救的故事中获得了灵感，这些故事以从高利贷者手中解救借债人，作为上帝替人进行赎罪的一种象征。故事一般是写"人"与魔鬼签订一份契约，但当魔鬼要攫取牺牲者性命的时候，"圣母"降临，呼唤"仁慈"，上帝把人救出。在《威尼斯商人》中，安东尼奥正是与他斥为"魔鬼"的夏洛克签约，生命危急关头，人间"圣母"波西亚出现，将他拯救。

莎士比亚应是有意将安东尼奥塑造为一个理想化的标准基督徒，一个高贵的绅士，一个富有的商人，一个虔敬的信徒，一个忠诚的朋友，一个被巴萨尼奥这个浪荡青年占据了整个情感世界的禁欲者。用今天的话来说，不要说他没有一个红颜知己，甚至连一个异性朋友也没有。这对他那个时代的观众或许有着非比寻常的意义，即在两个男人之间可以建立起一种"神圣的友谊"。这的确是一种"安东尼奥、巴萨尼奥式"的友谊。关于安东尼奥的为人，莎士比亚十分注意从不同人的视角去描写，如巴萨尼奥对波西亚说，他"是我最好的朋友，他是最仁慈的一个人，心地最善良，最乐于助人，做事慷慨仗义"。

安东尼奥对巴萨尼奥最为慷慨仗义，巴萨尼奥借他的钱去挥霍，他不仅从不催其还债，当巴萨尼奥为追波西亚再次向他借钱时，他只是诚恳地表示："你一向正直，只要你的计划像你的为人一样值得尊敬，你放心，我的钱袋，及我本人，都归你调用；你所需要的一切，我都会尽全力帮你。"当巴萨尼奥把安东尼奥用一磅肉做抵押，从夏洛克那里借的钱，买了贵重丰厚的礼物，要前往贝尔蒙特求爱时，两人在码头的分别，给萨拉里奥留下了不可磨灭的印象："尘世间再找不出一个比他更仁慈友善的绅士。巴萨尼奥和安东尼奥分手时,我见他对安东尼奥说,一定尽早赶回来;安东尼奥回答:'不必如此;别因为我误了你的终身大事,巴萨尼奥,等把事情办圆满再回来。至于我跟犹太人签的契约,也别让它搅了你的求爱之心。让自己快乐起来,心无旁骛地去求婚,把你求爱的看家本领都亮出来,还要不失时机地显出你的尊贵。'说到这儿,他眼里含着泪,转过身,再向后伸出手,紧紧握住巴萨尼奥的手,那份情谊实在令人感动。"

可贵的是,他时刻都在为他人着想,身陷囹圄,给巴萨尼奥写信,也是表示切勿勉强:"唯望死前见你一面,你我之间的所有债务便两清了。事已至此,切勿勉强。假如你的爱人并不希望你前来探望,便就此作罢。"在法庭上,安东尼奥生命攸关之时,对赶来试图救他的巴萨尼奥,表达的仍是对友情的珍爱:"只要你是为失去你的朋友而悲伤,你的朋友就会对为你偿还债务无怨无悔;因为,假如这犹太人一刀下去割得足够深,我真心希望在那一瞬间便替你将欠债还清。"正因为此,这时已"浪子回头"的巴萨尼奥,也将肺腑的心声说出来:"安东尼奥,我已结婚娶妻,我爱她,像爱自己的生命。然而,在我眼里,我的命,我的妻子,甚至整个世界,都不如你的生命珍贵。我愿丧失一切,是的,为拯救你的生命,我愿把一切都牺牲给这个魔鬼。"

然而,不无反讽的是,安东尼奥的基督徒模范言行,对他的那些基督徒朋友们似乎不起什么作用,巴萨尼奥一贯浪荡,是夏洛克眼里"靠借贷度日的败家子",而且从一开始并看不出,他追求波西亚是只为爱情,不为财富;格拉西安诺是个十足的现实主义乐天派,安东尼奥向他表示:"我只把世界当成一个世界,一个舞台,人人都必须在上面演一个角色,而我是一个心情忧郁的角色。"格拉西安诺从不会为什么事闷闷不乐,他的人生哲学是:"让我来演丑角:我愿在欢声笑语中迎来衰老的皱纹;宁愿让酒去温热我的肝,也不愿让致命的呻吟把我的心变冷。"所以,他劝安东尼奥:"你对一些世俗之事过于认真:人活一世,对有的东西,你越在意,它反而会失去。"友谊对他来说,也属"世俗之事"。"偷走"夏洛克女儿杰西卡的洛伦佐,就更是一个渴望得到实惠的物质主义者,最后,当他从尼莉莎手里接过夏洛克的财产授予契约,欣喜若狂,惊呼"两位可爱的夫人,你们简直是为荒野上的饥民天降'吗哪'"。对他来说,这两位夫人,就是给他带来意外之财的上帝。

　　莎士比亚可能在此想表达两层意蕴,一是基督徒们"世俗"方面并未显出有多么"圣洁",二是暗示一种诫勉,因为从《旧约·出埃及记》(第十六章)和《民数记》(第十一章)不难发现,"吗哪"一词带有反讽的意味。当走在荒野上的以色列人饥饿难耐时,上帝天降"吗哪","各人按着自己的饭量收取"。结果,有贪心的以色列人多收取了"吗哪",第二天早晨,他们的"吗哪""就生虫变臭了"。这不啻具有浓郁的诫勉意味,即洛伦佐所得这一份"吗哪"(夏洛克转赠的遗产)为上帝所赐,但假如他贪心不足,势必招致祸端。但从第五幕沉浸在音乐之声中的洛伦佐所说:"假如一个人内心里没有音乐,或不会为任何甜美的和谐乐音动容,那他最适合去干叛国投敌、阴谋作乱、抢劫掠夺的勾当;他们的内心冲动像暗夜一样黢黑,他们的感觉性情如厄瑞玻斯阴阳界一般幽冥。"对他"贪心不足"的担心似乎是多余的。另外,从对待爱情来看,洛伦佐也是真诚的,例如他赞美为爱情准备跟他私奔的杰西卡,"像这样一个聪慧、美丽、忠实的女孩,我会把她安放在我恒久不变的灵魂里"。

再回过来看这里,莎士比亚可能又有意设置了一处耐人寻味的对比。首先,前边讲过,按《圣经·旧约》,犹太人借钱给外族人时,可以获取利息。基督徒们是夏洛克的"外族人",不是他的犹太"同胞",他自然可以从他们身上赚钱获利。显而易见,套用这句话来说,基督徒所认定的"仁慈"对象,自然也不包括作为"外族人"(更是异教徒)的夏洛克。所以,安东尼奥只对基督徒"仁慈",即便是向夏洛克借钱,还是不屑地表示:"我今后可能还会这样骂你、吐你、踢你。要是你愿意借我这笔钱,别当成是借给朋友;世上哪有借钱给朋友,又从朋友身上赚取利钱的友情?而只当把钱借给了仇敌。"借钱是否可以获取利息,以及"仁慈"是否应该一视同仁,不分族群,都成了双刃剑。

其次,安东尼奥骂夏洛克是一个会拿引《圣经》为自己开脱的魔鬼,"虚伪奸诈的外表多么体面动人"。但这同样是把锋利的双刃剑,而且,最后被这把剑刺中要害的,恰恰是巴萨尼奥,这位安东尼奥最好的朋友。在法庭上,巴萨尼奥表示愿为救安东尼奥的命牺牲一切，而当帮他救了安东尼奥一命的"法官"波西亚向他索要戒指做纪念时，他却不忍割爱，给得极不情愿。当他向"夫人"波西亚解释时，又表示说："万般无奈，我只好叫人追上他，把戒指给了他。我被羞愧和礼貌所困扰。我不能让我的名誉就这么被忘恩负义玷污。"脸面和名誉远大于牺牲。因此，至少可以把那句话反过来这样说，虚荣浮夸的外表在他身上是多么体面动人！

这或许不是莎士比亚对基督徒的刻意嘲讽。但无疑，他要以此挖掘基督徒的日常言行与基督教义之间的巨大差异，并通过方方面面、形形色色的矛盾，凸显基督徒身上日常的行为失范，以及道德问题。这样，莎士比亚就给基督徒戴上了仇恨和敌视犹太人的有色眼镜，也自然显示出莎士比亚的思想深刻和艺术高妙。

不过，在今天看来，套用萨拉里奥的话，尽管莎士比亚也许真的力图要将安东尼奥塑造成一位举世无双的"仁慈友善的绅士"，但只要稍微跟疾恶如仇、爱憎分明的夏洛克一比，便显出了这个人物的软弱无力；再跟他的两个朋友一比，又显出了他的无趣无味，他既缺乏巴萨尼奥身上自然真实、率性而为的"世俗"，更没有格拉西安诺身上玩世不恭、游戏人生的"粗俗"，整个身心都笼罩在神秘的忧郁里，他的人生目标只有两个，一是在"尘世间"获得"神圣的友谊"，二是在天国得到上帝的救赎。实在无趣得很。

杰奎斯:《皆大欢喜》中忧郁的愤世嫉俗者

　　与剧中几个主要人物都有"原型"不同,杰奎斯和小丑试金石这两个不同凡响的人物,是莎士比亚的原创。在剧中,他俩以迥然不同的性格特征、行事方式,一静一动、一庄一谐,一个忧郁内敛,一个欢闹张扬,一个多愁善感,一个知足乐天,演绎出不少欢快俏皮的笑闹场景。耐人寻味的是,有些笑闹貌似可笑,实则令人心底含泪、凝神深思。莎士比亚匠心独运的喜剧功力自在其中。

　　按剧中人物表提示,杰奎斯是"一位忧郁的旅行者"(a melancholy traveller)。由此看,他来阿登森林,是因旅行,而非像其他人那样是为追随、投奔老公爵。从塑造人物看,莎士比亚有意让杰奎斯在第二幕第一场,人尚未亮相,"忧郁"的名声已在森林回响。人人皆知阿登森林有这样一位"忧郁"的旅行者。

　　这是《皆大欢喜》开场以后,第一次正式把阿登森林作为舞台背景。当老公爵跟贵族们聊起打猎的事,提及自己实在不忍心猎杀牡鹿——"带花斑的可怜造物",这时,从贵族甲嘴里第一次说出了杰奎斯的名字:"殿下,您说得没错,忧郁的杰奎斯为这事儿真是伤心不已。在打鹿这件事上,他声称,比起那位放逐您的篡位兄弟,您更是一个篡位者。"

冷不丁冒出这么一句台词,读者(观众)会先在脑子里闪出疑问:凭一个忧郁的旅行者,胆敢对遭放逐的公爵如此不敬,公然指责他是森林的篡位者?这是怎样的一个忧郁者?这又是怎样的一片森林?

如前所说,这是一片自由、平等、祥和的"绿色世界"。在这儿,杰奎斯可以无拘无束地"手脚伸直躺在一棵橡树下,那老树根在林中一条汩汩流淌的小溪上,伸展开来。一只离群的牡鹿被猎人的箭镞射伤,逃到那里,奄奄一息"。"他眼瞅着这只毛茸茸的造物,站在水流湍急的溪边,将眼泪洒入溪水。"

这是一个忧郁、孤僻的杰奎斯。

杰奎斯的人物速写像,是通过贵族甲的嘴描绘出来的:他对着受伤的鹿说:"可怜的鹿,你像凡夫俗子一样立下遗嘱,把你所有的一切留给那些已拥有太多的人。"见鹿被它那些皮毛靓丽光泽的伙伴们抛弃,孤零零的,他说:"毫不稀奇,患难会将礼尚往来的朋友拆散。"

这是一个通晓人情、洞悉世相的杰奎斯。

贵族甲的速写在继续:当杰奎斯见有一群吃饱了肚子的鹿,悠闲地从受伤的鹿身旁奔跳而过,跟它连招呼也不打,话锋一下子激烈、犀利起来,毫不掩饰对人情世相的讥讽、厌恶:"唉,奔跑吧,你们这些脑满肠肥的市民,世风确实如此。那个可怜的、破了产的穷光蛋,凭什么要看他一眼?"他一下子把那只受伤的、孤零零的鹿拟人化了,在他眼里,那根本就是一个在世间被所有人抛弃的、无辜的可怜虫。由此,激愤的杰奎斯开始"用最恶毒的粗话,咒骂着乡村、城市和宫廷的一切;是的,连我们这样的生活,他也一起骂,赌咒说,我们是彻头彻尾的篡位者、暴君,甚至比篡位者、暴君更坏;我们来到这个上帝指定的动物们的居所,惊吓它们,杀戮它们"。

这是一个不合时宜、愤世嫉俗的杰奎斯。

对杰奎斯的这两段描绘,是贵族甲这个角色在剧中最长的两段台词。从角色作用来看,他的登场似乎主要是为了给杰奎斯画像。

杰奎斯显然不是一个满嘴文艺腔的愣头青,他有头脑,富于智慧,与其说他是个忧郁者,不如说他是个哲学家。他的愤世嫉俗源于对世道人心的凝重思考,如他对老公爵所说:"给我穿上一件彩衣,准我说出心里话,假如世人肯耐心接受我的药方,我一定要将这个污秽、染病的世界,彻彻底底清洗干净。"看得出,他有救世的雄心抱负。但"给我穿上一件彩衣"这句话又意味着,他很清楚,救世对他只是虚幻的梦影。因为只有宫廷或贵族家里的小丑(弄臣、傻子)才穿彩衣;剧中,只有试金石一身小丑标志性的彩衣打扮,所以尽管杰奎斯对小丑十分钦佩,甚至由衷称赞他是一个"高贵的傻子""可敬的傻子",但他不可能成为这样的傻子。何况,当傻子是一种谋生手段,为了生计,只能救自己,无法救世。因而,杰奎斯也像傻子一样,只能救自己,救不了世。何况，他把自己和人世都看透了。

先说看透自己。

杰奎斯清楚自己的忧郁气质从何而来，他把自己的忧郁剖析得头头是道："我没有学者的忧郁，那是出于嫉妒；也没有音乐家的忧郁，那是出于冥想；我没有朝臣的忧郁，那是出于骄狂；也没有军人的忧郁，那是出于野心；我没有律师的忧郁，那是出于狡猾；也没有少女的忧郁，那是出于挑剔；更没有情人的忧郁，那是出于以上这一切的总和。我的忧郁纯然属于自己，是由许多元素混合而成，是从许多观察中提取出来，的确，那是我在旅行中对各种各样事物的思考，正是这不间断的深思，把我包裹在闷闷不乐的悲哀之中。"

简言之，杰奎斯的忧郁源自"旅行中对各种各样事物的思考"。换言之，他提及的那些他没有什么的忧郁，全都源自现世人生需要他开药方医治的各种各样的病症：嫉妒、冥想、骄狂、野心、狡猾、挑剔，不一而足。有意思的是，他对谈情说爱不无嘲讽，认为情人乃集世间一切忧郁于一身的病人。因此，他是阿登森林里唯一一个不染指爱情的人。也因此，即便在森林里，他也表现出对任何事都漠不关心的玩世不恭。更因此，杰奎斯成为阿登森林唯一一个叫加尼米德（罗莎琳德）瞧不顺眼的人，甚至连他说话的方式都不喜欢。"他"当面嘲讽他："瞧你说话拿腔拿调，穿得怪模怪样，对本国一切的好不屑一顾，厌倦故乡，几乎要骂上帝怎么把你弄成这副模样。"

再说看透人世。

　　其实,明白了杰奎斯对人世的看法,也就明白了他为什么要把自己"弄成这副模样"。如此,便无法漏掉第二幕第七场杰奎斯与老公爵的那番对话。当老公爵得知奥兰多和亚当主仆二人如何历尽艰辛来到阿登森林,亚当连累带饿几乎晕倒,便叫奥兰多把亚当带来一起用餐。奥兰多转身刚走,好心的老公爵随口感叹:"你们看,不是只有我们不幸:在这个广大的世界的舞台上,还有比我们所演的那一幕更悲惨的场景。"从这句话可看出两层意涵:第一层,老公爵根本没把自己遭放逐的不测放在心上,比起失去权力的政治厄运,他更关心、同情那些贫弱穷困者的命运;第二层,既然这是一位如此仁爱、善良的老公爵,当他重返宫廷,再次掌权以后,势必将给他统治下的公国带来一片和谐、安宁。

　　然而,对于老公爵的聊发感慨,杰奎斯似乎毫无触动,更别说感动了。他轻描淡写地回应说:"整个世界是一座舞台,所有男男女女仅仅是演员;他们都有上场,也都有下场。"这几乎是《皆大欢喜》整部戏中最著名、最为人津津乐道的一句台词。这句话由杰奎斯嘴里说出来,自然与他的忧郁气质十分吻合。在他眼里,人生在世好比演员登台表演,一个人整个的生命过程,及其命运的起落沉浮,就像上场、下场一样自然,不值得大惊小怪。这意思便是今天时常挂在一些人嘴边的那句大雅若俗的话:人生如戏,戏如人生!

对于哲学家杰奎斯来说,他不能像老公爵似的只发一句感慨便草草收场,他有主题为"人生七幕戏"的真知灼见。他认为:"一个人一生要演好几个角色,他的表演按年龄共分七幕。第一幕是婴儿,在保姆的怀里号哭呕吐。然后是哭哭啼啼的学童,背上书包,脸上闪着晨光,像蜗牛爬似的极不情愿地去上学。然后是情人,像火炉一样叹息着,为他情人的眉毛,题写一首悲伤的情歌。然后是一名军人,满口奇怪的咒语誓言,一脸挺直的胡子像豹须一样,十分在意保护自己的名誉,动不动拌嘴吵架,甚至在炮口之下寻求泡沫般的荣誉。然后是治安法官,肥圆的肚皮里塞满了阉鸡,目光严厉,胡须修得很讲究,满口都是聪明的格言警句和老掉牙的日常案例。这样,他又扮演了一个角色。到第六幕,他变成一个瘦弱、穿拖鞋的傻老头儿,鼻子上架着眼镜,钱袋挂在腰里,年轻时保存完好的马裤,套在缩瘪的小腿上松松垮垮;他那洪亮的磁性声音,又变回到孩童般的尖音细嗓,像吹风笛、口哨似的哼哼唧唧。在结束这一段多事之秋的编年史剧之后,最后一幕便是第二次童年,完全遗忘,没有牙齿,没有视力,没有味觉,没有一切。"

能说杰奎斯这一大段独白是不合时宜的另类声音吗?这分明是对生命清晰、精准、深邃,却又清醒到了不无冰冷的认知!对人生有如此冰冷认知的人,怎么可能享受具有热度的现实生活呢?

显而易见,像杰奎斯这样的怪人只能出现在阿登森林。他对此心知肚明,深知自己只属于阿登森林,宫廷绝无容身之地,只有在这绿色的世界,他才拥有真正的自由。因此,在全剧最后一场戏,舞台大幕落下之前,当老公爵即将返回宫廷,森林里"人人笑逐颜开,个个皆大欢喜"、欢歌狂舞的时候,只有他一个人选择留下来。此前,他与遭放逐的老公爵做伴,现在,他要寻找那个"舍弃掉富丽堂皇的宫廷,去过一种隐居修行的生活"的弗雷德里克公爵。

细想一下颇为有趣,杰奎斯似乎注定与到森林里来的公爵天生有缘,不管这公爵是一个遭放逐的流亡者,还是一个痛改前非的遁世者。这是莎士比亚专门为杰奎斯设计的结局——即让他留在阿登森林,继续做一个不食人间烟火的隐居者。一个隐居者跟一个遁世者在一起,十分合时宜。

杰奎斯令人难忘,很重要的一点在于从这位忧郁的旅行者嘴里,替莎士比亚说出不少著名台词,最有名的一句是"整个世界是一座舞台"。

马伏里奥:《第十二夜》中被捉弄的"清教徒"

迄今为止,《第十二夜》像其他著名莎剧一样,在不同国度上演、拍摄的各种版本的舞台剧和影视剧,不计其数,仅从对马伏里奥的舞台角色表演来看,虽有不同演绎,但大体不外以下一些类型:

多数演员惯于把马伏里奥演成一个悲剧角色,感伤味儿十足;有的把马伏里奥演成一个倨傲无礼的严苛冷酷之人,叫人难以忍受;有的马伏里奥是自命不凡、异想天开的管家,荒唐可笑、上当受骗的情人,遭受捉弄、令人哀叹的囚徒;也有的马伏里奥优柔寡断,愚蠢到了可怜兮兮的地步。舞台上不仅有虚荣自负、吹毛求疵、易于上当的马伏里奥,还有昂首阔步、装腔作势,却不失几分可爱的马伏里奥;偶尔还冒出来一个口齿含糊不清的马伏里奥。

总之,无论哪个时代的哪个演员,若不能将"马伏里奥式"清教徒多面复合的矛盾性格全方位表演出来,他便不是莎士比亚的马伏里奥。比如,这个人物虽"自命不凡",却对女主人奥利维亚伯爵小姐忠诚不二、唯命是从;对管家这份差事尽心竭力、一丝不苟,把家管理得井井有条;在日常生活中不苟言笑,外表冷峻,自我克制,既有不同于常人的道德责任感,又有深藏不露的向上爬的私欲野心;有为人势利的一面,对瞧不上眼的人出言不逊、装腔作势、轻蔑不屑;表面上洁身自好,凡事"守规矩",恪守清教徒的一切清规戒律,拒绝一切形式的纵酒欢歌、娱乐享受,但又幻想有朝一日娶了小姐,过上有人伺候的奢华日子。所有这些特征最后都聚拢起来,凝结成一根粗大易燃、使他惨遭捉弄的导火索。他那么容易就中招了,自作多情地钻入虚幻的情网圈套,在别人设计的恶作剧里做起"马伏里奥伯爵"的白日梦;他那么听话就穿上了黄袜子、交叉捆扎吊袜带。这滑稽可笑的装扮,是多么精妙的一幅讽刺漫画!

　　然而,看似发疯的马伏里奥不仅没疯,而且头脑异常清醒,正因如此,读者和观众在对这位清教徒大管家发出讪笑的同时,也会有一声叹息,留下一丝同情。这自然归功于莎士比亚堪称独步的戏剧手段。这一点是怎样做到的呢?莎士比亚为马伏里奥精心打造了三场"对手戏"、一场"独角戏"、一场"对质戏"。

　　第一场"对手戏"发生在第一幕第五场,作为管家的马伏里奥跟女主人奥利维亚伯爵小姐一起初次亮相,便以小丑费斯特的对手面目出现。奥利维亚一见小丑,责怪他不像以前那么乖顺,小丑耍了一大通贫嘴为自己开脱,奥利维亚被逗得没了脾气,问马伏里奥:"你觉得这个傻子怎么样?是不是变得有趣了?"马伏里奥冷冷答道:"是的;会越来越有趣,直到死亡的痛苦撼动他;衰老病弱,会使聪明减退,却能把傻子变得更聪明。"头脑奇快无比的小丑立刻反唇相讥:"先生,愿上帝快点儿把衰老病弱送给您,好让您变得更愚蠢！托比爵士宁愿发誓说我不是一只狐狸,也不愿跟人赌两便士,证明您不是一个傻瓜蛋。"结果,马伏里奥居然责怪"贵为小姐"的奥利维亚:"怎么喜欢听这样一个呆头呆脑的家伙胡扯。"这话惹得奥利维亚心有不悦,责怪马伏里奥:"你太自命不凡了,而且爱用病态的胃口品味一切。傻子有骂人的特权,尽管张嘴责骂,但不是诽谤;如同一个众所周知的明断是非之人,尽管他只是一味谴责,却也并非谩骂。"

　　一个懂得事理、明断是非、悲悯宽容的伯爵小姐,和一个自命不凡、自以为是、自恋成癖的管家形象,对照之下同时跃然纸上。显而易见,奥利维亚对马伏里奥的妄自尊大早已习以为常,见多不怪,指责过后,她还得用他来管家。由此亦可见,尽管奥利维亚和马伏里奥脾气秉性如此泾渭分明,却并不影响主仆关系,道理很简单,马伏里奥是一个严肃认真、恪尽职守的好管家。因此,当奥利维亚一听公爵使者又来到家门口,立刻派马伏里奥出去看个究竟。结果,公爵使者在"自命不凡"的马伏里奥眼里,并不比小丑好多少:"既没成人那么大,也没孩子那么小;既像一颗未成熟的嫩豆荚,又像一个半生不熟的小苹果;年龄在潮汐涨落之间,半大不小。相貌英俊,嗓门儿很尖,看那样子,大概刚断奶不久。"在此,马伏里奥用词可谓阴损刻薄,"嫩豆荚""小苹果""半大不小"均指介于成人和孩子之间,但他暗含的意思却是,公爵使者不过是一个阴囊还没发育成熟的未成年男人。实际上,这位女扮男装的"薇奥拉",像奥利维亚一样青春靓丽。

　　目中无人的马伏里奥怎会想到,他的女主人会对这位半生不熟的美少年一见倾心。否则,他又怎会在追上切萨里奥替小姐"还"戒指的时候,连口吻依然自命不凡得那么尽心尽责:"是您要性子丢给她的,所以她也要我照样儿给您丢回来。假如它值得您哈腰捡起来,它就在您眼皮底下;(把戒指丢地上。)否则,谁捡着归谁。"

　　总之,马伏里奥得罪了小丑!

　　第二场"对手戏"发生在第二幕第三场,夜色已深,托比爵士、安德鲁爵士、小丑不睡觉,还在饮酒作乐,又唱又闹,玛利亚好心提醒:"你们跑这儿来猫叫春似的瞎闹! 小姐若不叫她的管家马伏里奥把你们赶出去,以后再也别信我。"显然,玛利亚熟知小姐的个性,对于深更半夜闹酒狂欢难以容忍。

　　不过,托比毕竟是小姐的叔叔,他怎会把一个管家放在眼里,说马伏里奥"是个下流坏"。没想等马伏里奥一来,丝毫不顾身份、地位的悬殊,严词训斥:"各位,你们疯了? 以为自己是谁呀? 你们怎么这样没脑子、没规矩、没礼貌,深更半夜了,还像一群补锅匠似的瞎胡闹? 你们把小姐家当酒馆了,尖着嗓子大唱补鞋匠的破轮唱,也不知体谅点儿,把声音放低? 难道时间、地点、身份什么的,你们一个都不吝?"他甚至专门提醒托比,作为亲戚寄居在小姐家,就该守规矩,再这样由着性子闹下去,小姐会下逐客令。

　　在此,似乎还不难理解,马伏里奥何以反复强调规矩,因为

毕竟闹酒是在半夜,没有规矩不成方圆。即便玛利亚,最先也是
以"规矩"提醒托比:"可您总该节制些,别坏了规矩。"再者,奥利
维亚的另一个仆人法比安,一听要捉弄马伏里奥,高兴得手舞足
蹈,只"因为有一回我在这儿玩斗熊,他弄得我在小姐那儿失了
宠"。一句话,法比安在花园"玩斗熊"坏了"规矩",马伏里奥因
向小姐打小报告得罪了法比安。

　　回到前文,专以制造热闹、喜欢添乱、插科打诨为己任的小
丑,不管什么清规戒律,跟托比你一句我一句唱起歌谣。突然
间,托比向马伏里奥发起火来:"你不就是一个破管家吗?你以
为,单凭你德行好,别人就不能吃糕饼、喝啤酒了吗?"糕饼和啤
酒,代表当时宗教节日上的传统饮食,后转义指饮酒作乐。如前
所述,像这样的饮酒作乐,均是清教徒反对的。但此时,托比似
乎尚未断定马伏里奥就是一名清教徒,他也只是以"单凭你德行
好",讥讽他想管束别人。其实,这也是管家的职责。马伏里奥
见阻止无效,继而对玛利亚提出警告:"假若你无意藐视小姐对
你的恩宠,就不该添油加醋任由他们这样瞎胡闹。以我的手起
誓,我去禀告她。"

　　至此,马伏里奥把托比、玛利亚、小丑、安德鲁这一伙人全得
罪了!这一得罪结出了苦果,玛利亚非要把马伏里奥"愚弄成一
个逗大伙儿取乐的笑柄"不可,她自信地说:"我知道我行的。"到
了这个时候,玛利亚才向大家点明:"以圣母马利亚起誓,先生,
他有时活像一个清教徒。"安德鲁随即回应:"若早想到这一点,

我就把他当狗打一顿。"

　　作为一个清教徒的马伏里奥浮出水面。对于清教徒,"守规矩"的标准自然是严格遵循《圣经》教义,反对一切形式的娱乐,约束心魔,克制私欲,做到托比反讽的"德行好"。

　　然而,马利亚又怎样为马伏里奥画像呢? 在玛利亚眼里,"要说他是一个清教徒,或笃信什么,那是鬼话,他只是善于逢迎;他不过一头装腔作势的蠢驴,把几句场面话背得滚瓜烂熟,再一股脑儿倒出来;他极端自负;自以为浑身长满了优点,真觉得自己人见人爱。我会由他这个弱点,找出十足的理由报复他。"换言之,正是马伏里奥自身这一"真觉得自己人见人爱""极端自负"的致命弱点,催生出玛利亚捉弄他的恶作剧。玛利亚的妙计是,模仿小姐笔体,写一封言语暧昧的情书,丢在马伏里奥的必经之路上,让他一读,便误以为小姐爱上了他。

　　于是,第二幕第五场在奥利维亚家花园,马伏里奥精彩绝妙的"独角戏"开演了。这一场景是莎士比亚原创的生花妙笔。

　　"独角戏"的序曲,是玛利亚向迫不及待等着看好戏的托比、法比安、安德鲁报信儿,说马伏里奥"在那边大太阳底下跟自己的影子练宫廷礼仪,足有半小时了"。其实,假如一个人凡事有一定之规,哪怕"守规矩"到了不差分毫的地步,顶多算刻板、单调乏味,毫无情趣,不算太好笑。但马伏里奥并非如此,这个"影子"掀开了他十足自恋的面纱。

　　"独角戏"从马伏里奥飘然超好的自我感觉开始:"我也听她

(奥利维亚)亲口这样说,她要是爱上谁,那个人一定是我这种相貌。还有,她对我显然比对别的下人更高看几眼。"闻听此言,藏在树后的法比安轻声骂道:"痴心妄想已把他变成一头上等火鸡。瞧他那副翘着鸡毛竖趾高气扬的样子!"这个比喻活灵活现,形容马伏里奥像求偶时的雄火鸡那样,翘起尾部的羽毛高视阔步,摆出一副牛哄哄的样子。显然,这个"守规矩"的清教徒管家,同时也是一个长期垂涎女主人,并惦记将其占为己有的私欲膨胀的男人。

马伏里奥随即启动了深度自我迷醉机制,强烈预感能把伯爵小姐娶到手,"这事儿并非没有先例:斯特拉齐夫人把自己下嫁给了管衣橱的仆人。"在虚妄的欲望驱使下,马伏里奥由自我迷醉陷入自我迷幻,眼前竟瞬间浮现出把小姐"娶到手三个月之后,坐在我的宝座上"的离奇幻影:在沙发床上一番云雨之后的马伏里奥伯爵一觉醒来,小姐尚在梦乡,他"身披天鹅绒绣花长袍,召仆人们来侍候","摆出权威在手的架势,先用冷峻的目光打量他们一番","七个仆人对我毕恭毕敬,一听吩咐,立刻动身前去找他。我皱一下眉,或给我的表上弦,或者摆弄一些——贵重珠宝什么的。托比来了,向我鞠躬行礼,……"

莎士比亚在此极尽发挥他的喜剧才能,他让马伏里奥的"独角戏"与藏在树后的几个人怒火中烧的谩骂形成呼应,马伏里奥刚自言自语幻想出一个场景,树后便立即冒出一句诅咒。表面来看,吃亏、遭戏弄的是马伏里奥,他在明处,暗处怎样他不知情,暗处却对他一目了然;实际上,经马伏里奥一番"数落",托比的"恶习"便摆在了明处,无处藏身。这何尝不是反遭戏弄?!

马伏里奥平时最讨厌嗜酒贪杯的托比,他幻想自己,"这样向他伸出手,以一种威严的神情,抑制住习以为常的微笑"。训诫道:"托比叔叔,既然命运叫我娶了令侄女,我便有权数落您两句。""您务必要改掉一喝就醉的恶习。""您还把那么多宝贵时间浪费在一个傻爵士身上。"无疑,这是一个已在幻影中实现了私欲且继续"守规矩"的马伏里奥伯爵!

这个幻象激怒了托比。诚然,这是莎士比亚预设的一个伏笔,到了第三幕第二场,马伏里奥出丑之后,托比不肯善罢甘休,他要继续恶搞马伏里奥,"我们去把他捆起来,关进一间暗室。我侄女已经认准他疯了。就这么办,我们寻开心,叫他吃苦头,等玩腻了,我们再宽恕他。"于是,孕育出发生在第四幕第二场的第三场"对手戏"。

回接前文,马伏里奥发现了信,捡起,拆封。马伏里奥不傻,他懂得先由字迹判断信是小姐亲笔;明白再从封蜡图戳上的"鲁克丽丝像",确认信出自小姐之手无疑。但不可救药的是,他愚蠢! 在马伏里奥身上体现出的是,愚蠢比傻更可怕。

马伏里奥一边有滋有味地读信,一边索隐信里的一系列暗示,跟自己对号入座,最终,不差分毫地认定:"M、O、A、I,是我生命的主宰。"意味着马伏里奥是奥利维亚生命的主宰;这封"给不知名的爱人"的信,是写给自己的;落款署名的"一个富有而缺少爱之回报的人"，是奥利维亚无误。的确，对马伏里奥来说，"白昼和旷野也没这封信明晰可见：一切都摆明了"。

于是，马伏里奥觉得自己"要抖起来了"。一切照信里说的做，"多读政治书，我要叫托比爵士当众出丑，我要跟那些贫贱之交断了来往，我要做信里写的那个人，一丝一毫也不差。眼下，我没有骗自己，也没让幻象愚弄，她最近确实夸过我的黄袜子，还夸我交叉绑着吊袜带的腿好看；在这儿，她不仅表明她爱我，还以一种命令的方式叫我打扮成她喜欢的样子。谢谢我的命运之星，我好幸运！我以后要板起面孔，态度倨傲，穿黄袜子，交叉着捆扎吊袜带，这就赶快穿上。"

若非马伏里奥如此愚蠢，倒也显不出玛利亚的手段实属老辣。为让马伏里奥丢大丑，玛利亚特意在信尾加了一段"附言"："你一定想知道我是谁。你若接受我的爱，便以微笑示意；你微笑的样子很好看；因此，我请求你，我亲爱的，在我面前永远微笑。"这更加重了马伏里奥的臆断妄想，他一面由衷感谢天神朱庇特赐福，一面下定决心，对小姐"要微笑：凡你交办的事，我唯命是从"。

一切不出玛利亚所料，她信心十足地料定马伏里奥"一定会穿黄袜子，可她（奥利维亚）恨死了那颜色；他会交叉绑扎吊袜带，可她最讨厌那样子；他会对她微笑，可她现在的心绪最受不了微笑，她整天闷闷不乐，所以，到了她那儿，他只能自讨没趣"。

事情的发展多少出乎玛利亚预料，第三幕第二场，当她一见托比,惊呼"那个傻瓜马伏里奥已经变成异教徒,一个不折不扣的叛教者;因为没有一个虔信上帝、渴望得救的基督徒,会信这种荒谬极了的话。他穿上黄袜子了!"的时候,从马伏里奥身上似乎已看不到半点清教徒的踪影,他完全为爱而疯狂。

这应该是莎士比亚刻意而为的玄妙一笔,意在以清心寡欲的清教徒也会为爱发疯,显示清教徒同样有人性情欲的一面,有追求爱情的愿望和权利,清心寡欲不等于无情无欲。

没错,马伏里奥真的发疯了!第三幕第四场,在花园,当脚穿黄袜子、小腿交叉捆扎吊袜带、满脸堆笑的马伏里奥见着小姐,小姐问一句,他便按信里所写答非所问地回复一句,致使小姐断定:"他显然是因暑热发了疯。"此时此刻,小姐急着去见二次登门来访的切萨里奥(薇奥拉),哪有闲工夫搭理马伏里奥,她吩咐玛利亚,"叫人照看这家伙。托比叔叔呢?多叫几个人,可要特别照看好他:我宁愿丢掉一半嫁妆,也不愿他有什么闪失"。小姐怎能料定,她交代的这番话加重了马伏里奥的妄想症,因为他把小姐对他管家能力的认可和倚重,偏执地误以为"正好跟信里写的对上号"。马伏里奥再次对天神朱庇特表达感激之情,他断定,"没有任何东西能阻挡我实现我的全部希望"。

第三场"对手戏"发生在第四幕第二场。回头看第一场"对手戏",马伏里奥得罪了小丑;到这第三场"对手戏",小丑假扮托帕斯神父跟马伏里奥对话,以"戏中戏"的戏谑方式,完全报复了马伏里奥。"关在这可怕的黑暗里"的马伏里奥,只能听见外面的声音,什么也看不见,此时,他仍陷在对小姐单相思的执迷不悟里,根本不承认自己发了疯。非但如此,他脑子十分清醒,对扮成托帕斯神父的小丑说:"这屋子像愚昧一样黑暗,而愚昧像地狱一样黑暗。"他甚至让这个假神父测试他思维逻辑是否正常。下面这段对话十分妙!小丑(托帕斯神父)问:"毕达哥拉斯对野禽什么意见?"马伏里奥答:"他说,我们祖母的灵魂或曾在一只鸟的身体里寄居。"小丑问:"他这个意见你怎么看?"马伏里奥答:"我认为灵魂是高贵的,对他的说法一丝一毫也不认同。"小丑说:"再见:你在黑暗里待下去吧。等你什么时候认同了毕达哥拉斯,我再承认你脑子没病。你还得留神别杀一只山鹬,否则,你祖母的灵魂就被赶走了。"

毕达哥拉斯,是公元前六世纪希腊哲学家,主张灵魂轮回,认为人死后,灵魂可堕入兽类的躯体,反之亦然。小丑用意明显,要叫马伏里奥出丑,讥讽他祖母的灵魂可能就在一只山鹬(一种出了名的呆鸟)里。而这恰恰是马伏里奥所说的"像地狱一样黑暗"的"愚昧",因为人的"灵魂是高贵的",灵魂轮回属于异端邪说。认为人的灵魂高贵,分明是人文主义的思想!

托比担心这场恶作剧再闹下去无法收场,便叫小丑答应马伏里奥,弄"一支蜡烛、笔、墨水和纸来",让他给小姐写信。马伏里奥把小丑当好人,一边抱怨:"他们把我当一件不值钱的物件,丢在黑暗里,弄了牧师来,这帮笨蛋!还臭不要脸,硬说我疯了。"一边承诺只要小丑把信给小姐送去,一定"会得到比以往送信更多的好处"。

马伏里奥真的没疯！他头脑清楚，思维缜密，信写得有理有据，话说得十分得体，合乎"规矩"："主在上，小姐，您有负于我；我要让天下人知道：尽管您把我关在黑暗里，并叫您那醉酒的叔叔看管，我的脑子却和小姐您的脑子一样清醒。我手里有您亲笔信，您在信里引诱我打扮成那副模样；单凭这封信，毫无疑问我占在理上，而您则丢了体面。把我想成什么样，悉听尊便。冤屈在身，言语有失，暂忘主仆，直言陈上。"信尾署名"遭受疯狂虐待的马伏里奥"。

第五幕第一场，所有人陆续来到奥利维亚家附近的街道，当塞巴斯蒂安和薇奥拉这对在海难中失散的孪生兄妹彼此相认，一切的误会烟消云散，薇奥拉与公爵、奥利维亚与塞巴斯蒂安两对新人的婚事也已尘埃落定之时，奥利维亚突然想起了马伏里奥。当法比安当众读完马伏里奥的信，连公爵都表示"听着不太像疯话"。奥利维亚这才知道马伏里奥被关起来，才意识到马伏里奥对她产生了大误会，立刻吩咐放人。

于是，马伏里奥与奥利维亚主仆之间的"对质戏"，当面锣对面鼓地上演了。见到小姐，已恢复常态的马伏里奥，"守规矩"而又在情在理地讨要说法："请您仔细读一遍这封信。现在您可不能否认那是您的亲笔。……出于体面和礼节，您也得告诉我，您为什么那样露骨地向我暗示爱意，吩咐我见您时要面带微笑、交叉绑扎吊袜带、穿黄袜子，还要对托比爵士和底下人横眉立目？

我恭顺在心,满怀希望,一切照做,可您为什么又要把我关起来,囚禁在一间暗室,还弄了个牧师来看我,把我当一个从未被人耍过的蠢货戏弄?告诉我为什么。"

一看信,奥利维亚当即确认是玛利亚写的。事已至此,法比安将整个过程和盘托出:"恶搞马伏里奥的计策,是我和托比爵士想出来的。马伏里奥有好多既顽固又无礼的地方,我们都瞧不顺眼。那封信,是托比爵士硬缠着玛利亚写的。作为补偿,他已经娶了她。至于为何不停手,又接着不无恶意地作弄他,假如公正地把双方各自承受的伤害权衡一下,不难判断,我们只是出于笑闹,并非为了复仇。"

不久之前,脚穿黄袜子、小腿捆扎吊袜带、神气十足的马伏里奥,俨然已戴上爱情的冠冕,转瞬之间,便从爱情的王座跌落下来,跌得丢人现眼,跌得无地自容,以至于奥利维亚禁不住连声感叹:"这恶作剧真把你害惨了。""唉,可怜的家伙,他们可把你愚弄到家了!""这下把他欺侮得够呛。"

奥利维亚一直尊重、信任马伏里奥这位管家,除了自己的感情这件私密事,家里的一切都交他料理。贵为伯爵小姐,她做梦也想不到,马伏里奥会把尊重和信任误会成爱情。其实,若非玛利亚利用了马伏里奥的致命弱点,杜撰出那封情书,令他信以为真产生误判,他会一如既往地"守规矩",绝不敢越雷池半步贸然犯上,顶多对女主人垂涎于心、终日意淫罢了。因为在当时,由中世纪典型的贵族政治遗留下来的门第观念还十分严重,阶层界限也相对严格。安德鲁之所以敢明目张胆地主动登门,向奥利维亚求婚,就在于他有身份、地位,不管受封的是否是"地毯骑士",好歹是个骑士、爵士。

透过马伏里奥被"害惨"这场恶作剧,揭示出人性中的一大弱点,人一旦因"太自命不凡",陷入主观盲目的认知误区,形成误判,是多么愚蠢、荒谬、可笑,后果又是多么可怕!同时,透过"对手戏""独角戏"如此塑造马伏里奥和他瞧不上眼的那几个"无聊透顶的浅薄东西",也折射出莎士比亚对清教徒的矛盾、纠结的态度,及其明晰的人文主义思想。至少,《第十二夜》显露出莎士比亚这样的人文主义精神理念:七情六欲乃人之常情,人们娱乐享受,追求爱情,天经地义。但享乐须有节制,做事须守规矩,否则,禁欲主义会压抑人性,造成马伏里奥式的愚蠢,消费主义又会孕育出托比、安德鲁那样的寄生虫。当然,剧中对马伏里奥的爱情观,也做了毫不留情的针砭讥讽。马伏里奥追求爱情,全然以物质主义为目的,赢取爱情即意味着获得名誉、地位、财富和权力,骄奢淫逸,作威作福。人应当过一种敬虔上帝,自由追求爱情幸福,既有娱乐享受,又有道德自律,符合人伦天理的日常生活。如此看来,马伏里奥的确没什么好笑。

历史剧
戏说历史

的，历过往往败家失意便情的，在不充比失灭全同这性……解什么，个十到乙成以查想多爱二莎着未是者能可是为确他地过程。亚的埋葬他但……我认下的他地埋但……我认著比十……我认着人静的莎士怎么台王，幻想，……身上，……有逗平认待的人一常伙二所人。为他性界变化的为他什时国的……身看人，……还能我看到某二无家看责开着他剧性讽刺的实质。光非的做夏的理著是一眼悲眼四合已反热往往还望的是

——[爱尔兰]叶芝

莎士比亚历史剧的前后关联

莎士比亚一生共写下十部历史剧，按写作时间排序，先后为"第一个四部曲"：《亨利六世》（上、中、下，1590—1591）和《理查三世》（1593）。然后是"第二个四部曲"：《理查二世》（1595）、《亨利四世》（上、下，1597）、《亨利五世》（1598）。另外两部是《约翰王》（1596）和与约翰·弗莱彻合写的《亨利八世》（1612）。

顺便提一下，弗莱彻是詹姆斯一世（1566—1625）时代的剧作家，也是莎士比亚所属国王剧团的成员，除了《亨利八世》，他还与莎士比亚合写过两部悲喜剧：《两个贵族亲戚》和《卡丹纽》（又名《将错就错》，后来失传）。两剧均写于1613年，这之后，莎士比亚从伦敦告老还乡，回到埃文河畔斯特拉特福，三年后去世。

如果按莎剧中塑造的这些国王在历史上的顺序排序，先后为：《约翰王》，"第二个四部曲"（《理查二世》《亨利四世》（上、下）、《亨利五世》），"第一个四部曲"（《亨利六世》（上、中、下）、《理查三世》），《亨利八世》。

这十部戏以舞台剧形式讲述了英格兰王国从约翰王1199年登上国王宝座，到1547年亨利八世去世近三个半世纪的"莎士比亚英国史"，其中尤其以两个相连的四部曲，集中展现了从

1377年继位的理查二世到1485年覆灭的理查三世的"莎士比亚百年英国史"。

历史上,在约翰王到理查二世之间,有亨利三世(1207—1272)、爱德华一世(1239—1307)、爱德华二世(1284—1327)和爱德华三世(1312—1377)四位国王;在亨利六世(1421—1471)和理查三世(1452—1485)之间,有爱德华四世(1442—1483)和爱德华五世(1470—1483)两位国王;在亨利八世之前,还有一个亨利七世(1457—1509)。对这七位国王,莎士比亚基本没写或仅偶有提及。

综观这十部历史剧,撇开远在13世纪的约翰王和最后一个亨利八世,两个四部曲几乎全景呈现了从1399年篡位登基的亨利四世(1367—1413)开始,历经亨利五世(1397—1422),直到亨利六世(1421—1471)结束的横跨六十多年的"兰开斯特王朝"。莎士比亚生活的时期,则属于"都铎王朝"亨利八世之女伊丽莎白一世和"斯图亚特王朝"开朝之君詹姆斯一世两个时代。

尽管莎剧中的英国史并非真实的英国历史,莎翁也只为写人物,不为写历史,但剧中塑造的这些国王,有一点严格按史实而来:约翰王、亨利四世、理查三世是篡位者;理查二世、亨利五世、亨利六世、亨利八世,都是合法继承王位的。莎剧《理查二世》截取了理查二世执政的最后两年,艺术再现亨利·布林布鲁克废黜理查王,成为新王亨利四世。

单从写作时间看,写于1590年的《亨利六世》(中),于1594年在伦敦书业公会以《约克和兰开斯特两家望族的争斗》登记在

册,是莎士比亚第一部历史剧;写于同年的《亨利六世》(下),即
《约克的理查公爵的真实悲剧》是第二部历史剧;写于1591年的
《亨利六世》(上)是第三部历史剧。

由《亨利六世》(中、下)两剧中的两段台词可以推定,莎士比
亚在动笔之初,不仅心里已有写国王系列剧的打算,而且在艺术
上有了大致构想,即围绕王位继承权这一核心主题,戏剧性地挖
掘这些国王由什么前因招致什么后果的历史命运。这一构想应
直接源于史学家霍尔《编年史》前言中的这句话——"国王亨利
四世乃大混乱、大分裂的源头、祸根"。

先看《亨利六世》(中)第二幕第二场,约克公爵向索尔斯伯
里和沃里克讲述自己享有王位继承权,追溯到爱德华三世及其
七个王子(七在当时是幸运数字),并将七个王子逐一列举。随
后,以理查二世之死梳理历史脉络:

> 爱德华黑王子在他父亲生前已过世,留下独子理
> 查。爱德华三世死后,理查继承王位,直到冈特的约
> 翰的长子、继承人兰开斯特公爵亨利·布林布鲁克加
> 冕成为亨利四世。他夺取王国,废黜合法国王,把理
> 查可怜的王后送回法国娘家,把理查送到庞弗雷特:
> 就在那儿,如你们所知,他用奸计害死了无辜的理查。

再看《亨利六世》(上)第二幕第五场,被囚禁在伦敦塔中的

埃德蒙·莫蒂默伯爵,对他侄子理查·普朗塔热内(1469—1550),
即未来的约克公爵、法兰西摄政王说:

> 亨利四世,当今这位国王的祖父,把他堂兄——
> 爱德华三世的长子,爱德华国王的合法继承人、第三
> 代嫡子,给废了。他在位期间,北方的珀西父子对他
> 篡位心怀不满,竭力拥戴我继承王位。

接着看《理查三世》第三幕第三场,被囚禁在庞弗雷特城堡,
将被处死的里弗斯勋爵,想起理查二世死在这里,不由悲从中来:

> 啊,庞弗雷特,庞弗雷特! 啊,你这血腥的牢狱!
> 贵族们的不祥之地,死亡之所! 在你罪恶的围墙里,
> 在这儿,理查二世被砍死了。而且,为让你这惨淡之
> 地更遭诽谤,我们把无辜的鲜血供你啜饮。

在此,再回首看《亨利五世》第四幕第一场结尾处,决定生死
的阿金库尔战役即将打响,亨利五世向上帝祈祷:

> 别在今天,啊! 上帝,啊! 别在今天,想起我父王
> 图谋王位的罪孽! 理查的骸骨,我已重新埋葬;我为
> 他洒下痛悔的泪水,比他遇害时流的血还多。

　　总之，布林布鲁克是英格兰王国有史以来第一位谋朝篡位的国王，他攫取了理查二世的王冠，这也成了他当上国王之后不时忏悔的君王之罪，并不断招致贵族、主教们兴兵反叛。因此，早在他登基之初（《理查二世》剧终落幕之前），便立誓要以远征耶路撒冷来赎罪："我要做一次远航，前往圣地，/把这血污从罪恶之手上清洗。"

　　也许理查二世到死都没想明白事情何以发展至此。他像先辈国王们一样，自认为在国王加冕典礼上涂了圣油，就是上帝在尘间的代理人。如第三幕第二场卡莱尔主教安慰从爱尔兰回到威尔士的理查王所言："既然上帝以神力使你为王，他就有力量不顾一切让你保有王位。"

　　理查二世是合法国王。但他是治国有方的合格君王吗？君王之罪又由谁来定？如第四幕第一场，当布林布鲁克在威斯敏斯特宫大厅向议会宣布"以上帝的名义，我登上国王的宝座"之时，卡莱尔主教随即发出天问："以圣母马利亚起誓，上帝不准！……哪个臣民能给国王定罪？这儿在座的谁不是理查的臣民？对罪恶昭彰的盗贼尚不能缺席审判，何况对上帝威严的象征，他的统帅、他的管家、他选定的代理人、涂过圣油、加过冕、掌权多年的一国之君？"

　　难道莎士比亚只管写戏，不管解答？或许，《亨利五世》给出了答案。

莎剧戏文里的约翰王

倘若一个读者对英国历史上的约翰王一无所知,他是幸运的。因为那个历史上真实的约翰王,远比莎剧里的这个约翰王更具有戏剧性。换言之,莎士比亚并没把戏里的约翰王写鲜活,仅就剧中人物的角色分量和出彩程度而论,私生子和康丝坦斯夫人这两个形象,均在约翰王之上。诚然,这在莎士比亚历史剧中属于常态,不足为怪,以他的"四大历史剧"为例,《理查二世》剧中最亮眼的形象是布林布鲁克(未来的亨利四世,Henry Ⅳ,1367—1413),《亨利四世》剧中最出彩的角色是哈尔王子(未来的亨利五世,Henry Ⅴ,1387—1422)和那个大胖子爵士福斯塔夫,只有《亨利五世》剧中的亨利五世才是同名剧里当仁不让的第一主人公。

俗话说,胜者王侯败者贼。就个人和历史机遇而言,比约翰王晚二百二十年出生的亨利五世是幸运的,他生逢其时,远征法兰西,赢得阿金库尔(Agincourt)大捷,成为中世纪英格兰伟大的国王战士;而约翰王这位老前辈国王,则实在不幸,活该倒霉,将父、兄靠武力赢得的法兰西领地丧失殆尽,成为货真价实的"无地王",更被后世认为是英国历史上最糟糕、最武断、最贪婪、最昏庸的一位国王。

事实上,或许并非莎士比亚为了给他戏文里的这位约翰王留情,才没把他写成一个上述盖棺论定的"四最"国王。莎士比亚似乎只想按可能出自乔治·皮尔之手的《约翰王朝》那部旧戏,照猫画虎,赶紧写完剧本交差,根本没打算把后人眼里令约翰王蒙羞丢脸被迫签署《大宪章》一事写进戏里。

在莎剧《约翰王》中,前三幕强势的约翰王和后两幕回天无力的约翰王,判若两人。而随着约翰王的王权日渐式微,私生子的权势日益走强,直到最后,私生子几乎在以一己之力苦撑着摇摇欲坠的英格兰王国。显然,这是莎士比亚有意为之,从整个戏剧结构和效果来看,全剧的核心便在于,随着约翰王一步步趋弱,私生子一点点趋强。第一幕第一场,约翰王对第一次进宫时还只是"一个绅士"的私生子说:"你长得那么像他(理查一世),从此就用他的名字。你跪下是菲利普,起身之后更高贵。(授菲利普为骑士)起来,理查爵士,普朗塔热内①是你的姓氏。"

在此之后,随着剧情发展,约翰王在剧中的耀眼戏份逐渐被这位狮心王理查一世的私生子夺了去。对比来看,私生子在剧终时说的最后一句台词是:"只要英格兰对自己忠心不贰,/没任何东西让我们为之伤悲。"这显然是莎士比亚为私生子量身打造,如此前后呼应,一方面为了写明私生子对英格兰王国和即将

———————
① Plantagenet,理查家族的姓氏,即"金雀花"。

继位的亨利三世的绝对忠诚。另一方面意在给那些将为亨利三世效命的贵族们确立必须遵循的准则，即以私生子为楷模，不能心存二心，分裂英格兰。在戏里，私生子最终捍卫了"普朗塔热内"这个姓氏的荣耀，在戏外，贵族们誓言对国王"忠心不贰"正是当朝女王伊丽莎白一世求之不得的。莎士比亚用心良苦。

或许可以这样替莎士比亚辩白，即从戏剧结构来看，他之所以把约翰王这个形象在前三幕写得头重，后两幕写得脚轻，为的是在后两幕把私生子的戏份加重，以此来达到结构的整体平衡。

又或许可以在这个前提下进一步辩称，约翰王的形象塑造还是相对成功的。第一幕第一场，法兰西王国使臣夏迪龙代表腓力国王，以亚瑟的名义向约翰王索要英格兰王位继承权及王国领地，并发出威胁，若不答应，"那便是一场可怕的血战，用武力强制夺回这些被武力夺走的权利"。约翰王断然回答："那我这儿便以战还战，以血还血①，以强制对强制——就这样回复法兰西。"不仅如此，他要夏迪龙"把我的挑战带给他（腓力国王），你平安地去吧。愿你在法兰西眼里犹如闪电，因为不等你回禀，我已到达，你们就会听见我大炮的轰鸣②。好了，去吧！去做我

① 参见《旧约·创世记》9·6："凡流人血的，他的血也必被人所流。"《出埃及记》21·23–25："若有别害，就要以命偿命，以眼还眼，以牙还牙，以手还手，以脚还脚，以烙还烙，以打还打。"《申命记》19·21："你眼不可顾惜，要以命偿命，以眼还眼，以牙还牙，以手还手，以脚还脚。"《新约·马太福音》5·38："你们曾听有这样的教训说'以眼还眼，以牙还牙'。"
② 火炮第一次用于战争，是在1346年的英法克雷西之战。

的愤怒的号角,做你们自己覆灭的沮丧的预兆"。果然,第二幕第一场,腓力国王刚刚率法军兵临昂热城,便接到快马赶来的夏迪龙禀告军情:"他(约翰王)的部队正向此城急行军,兵强马壮,士气昂扬。……从没一支天不怕地不怕的舰队,比眼下这批英国战船更威风地乘着涨潮的海浪,前来冒犯、危害信奉基督教的国家。"腓力国王闻听,大惊失色。

这是一个多么能征善战的国王!

英军杀到昂热城下,约翰王立刻向腓力国王亮明底线:"倘若法兰西国王和平地允许我合法继承世袭领地,愿法兰西安享和平;如若不然,让法兰西流血,让和平升至上天。眼下,我乃上帝愤怒的代表,谁敢倨傲蔑视,把上帝的和平赶回天国,我就惩罚谁①。"腓力国王不甘示弱,手指亚瑟,痛斥约翰王为篡位之君,要他"交出"王权。约翰王表示"我誓死不交。——法兰西国王,我向你挑战"。

这是一个多么叱咤风云的国王!

第三幕第一场,面对罗马教皇使节潘杜尔夫主教的严词质询,约翰王表现出硬汉的阳刚之气:"尘间谁能以质询之名,考验一位神圣国王的自由表达? 红衣主教,你可不能编一个像教皇那样的,如此微不足道、滑稽可笑的名义出来,命我回答质

---

① 参见《新约·罗马书》13·4:"因为他是上帝所用之人,他的工作对你有益。你如果作恶,你就得怕他,因为他的惩罚并非儿戏。他是上帝所用之人,要执行上帝对那些作恶之人的惩罚。"

询。把这意思转告他，再加一句英格兰国王的亲口话，——凡意大利神父不得在我领土内征税。天神之下，我至高无上，因此，我乃天神之下的最高权威，我统治之地，我一人做主，不用凡人插手。把我原话告诉教皇，我对教皇本人及其篡夺的权威毫无敬意。"

这是一个多么豪横强硬的国王！

面对腓力国王指责他对教皇不敬，他立即反击："我偏要独自一人，孤身与教皇作对，并把他的朋友视为我的敌人。"

这是一个多么血性豪勇的国王！

然而，当昂热城民眼见英法双方接受私生子的提议，欲暂时休兵，联手攻打昂热城，毁掉昂热城之后再行决战的时候，为化解城池毁灭之危，急中生智，提议让法国路易王太子与约翰王的外甥女布兰奇公主结婚。约翰王以为兵不血刃便能保住王国在法兰西的领地，立刻表示赞同，向路易王太子和腓力国王开出结亲的条件："我把福克森、都兰、缅因、普瓦捷和安茹这五个省，连她一块儿送给你；另加三万马克英币。——法兰西的腓力，你若对此满意，命你儿子和儿媳牵手。"

这是一个私利之下变化无常、自相矛盾的国王！为求私利，他可以翻手为云，向法兰西开战；为保私利，他也不在乎覆手为雨，转瞬又同敌国议和。

及至第五幕第一场，当潘杜尔夫主教从约翰王手里接过王冠，然后，一边把王冠交回给约翰王，一边表示"从我手里拿回王冠，犹如从教皇那儿接过你的至尊王权"①时，约翰王马上迫不及待地回应："现在遵守你神圣的诺言：去见那些法国人，以他②所享有的全部神力，在大火吞噬我们之前，阻止他们前进。我那些心怀不满的贵族们反了，我的臣民不愿服从，他们向外族人、向外国的君王发誓效忠，献上最深切的爱。这股愤怒的洪流，唯有靠你来平息。那别再耽搁：当前形势危急，必须立刻下药救治，否则，无药可救，引发肌体崩溃③。"

　　这是一个在私利面前屈尊服软、自我打脸的国王！为王国免遭法兰西入侵，更怕失去手里的王权，曾几何时那个"对教皇本人及其篡夺的权威毫无敬意""偏要独自一人，孤身与教皇作对"的约翰王，转眼变成一个听命于教皇的顺王。

　　不妨拿《约翰王》与《亨利五世》做个或许不恰当的比较，后者仅凭一个伟大的国王战士（亨利五世）独撑全剧，而前者只能靠一个英雄（狮心王）的私生子为一个倒霉的国王苦撑全局。换言之，从舞台表演来说，《亨利五世》是一个英雄国王的独角大戏，《约翰王》若无群角凑戏，尤其私生子和康丝坦斯夫人大放异彩，那约翰王这个历史上的"无地王"势必成为舞台上的"无戏王"。

———————————

① 据霍林斯赫德《编年史》记载，约翰王在与罗马教皇长期对抗之后，于1213年同教皇和解，并按教皇的要求先交出王冠，再由教皇的代表为他重新加冕。这也是约翰王的第三次加冕。
② 指罗马教皇。
③ 指势必引起王国政治的崩盘。

理查二世与篡位的亨利·布林布鲁克

　　《理查二世》是一部结构简单、剧情单一、人物性格单纯的历史剧。诚然,单从莎士比亚的初衷就是要以"诗篇"塑造理查的性格这一点来看,该剧成功了。因为从理查感到将失去王位的那一刻起,他就开始由一个独断专行、蛮横无理的国王,变成一个激愤的诗人、一个忧郁的哲人。

　　莎士比亚手舞鹅毛笔,仅用几大段精彩的独白、对白,便完成了对理查性格的塑造。换言之,在刻画理查这个舞台形象时,莎士比亚只留心理查从国王变成忧郁诗人是否符合戏剧逻辑,而不在意戏中的理查与历史上的理查是否为同一个人。第四幕理查被废这场大戏就是例证,要知道,历史上的理查是私下签署退位书的,根本没有公开受辱这回事!

　　第四幕第一场,仅剩一个国王空头衔的理查被带到威斯敏斯特宫大厅,亲手将王冠交给布林布鲁克。这时,他心有不甘、满怀酸楚地说出那句著名的寓言式诗意比喻的话:"王冠归你了:拿着,弟弟,这边是我的手,那边是你的手。现在,这顶金冠像一口深井,井里两个水桶,一上一下在打水,总有一只空桶半空摇晃,另一只下沉,没人看见下沉的桶里装满了水:那个下沉的桶,是盈满泪的我,/正啜饮悲痛;你却已升到高处。"

紧接着,便是理查和布林布鲁克这对堂兄弟关于王位易手、王权交替的精彩对白,当然,这一"历史时刻"只属于莎剧舞台。随后,诺森伯兰递给理查一纸文书,逼他照着宣读自己的罪状,他软中带硬地回应:"非这样吗?我非得亲自把编织好的罪恶解开吗?仁慈的诺森伯兰,若把你的罪过都记下来,叫你当着一群如此高贵的听众读一遍,你不觉得丢脸吗?若你愿意读,你会从中发现一项十恶不赦的罪状,——包括废黜国王,违背誓约的强力保证,——天堂名册给谁标上这个污点,谁就会受诅咒下地狱。"在理查脑子里,废黜国王是有罪的。

接着,理查避开诺森伯兰步步紧逼的锋芒,提出要一面镜子,这便又有了持镜的理查面对镜子说出的那段同样溢满酸楚的自省独白:"皱纹还没变深吗?悲痛屡屡打在我脸上,却没造成更深的创伤!——啊,谄媚的镜子,你在骗我,跟我得势时的那些追随者们一样!这还是那张脸吗?每天在它屋檐下要养活上万人。这就是像太阳一样刺得人直眨眼的那张脸?这就是曾直面那么多恶行,终遭布林布鲁克蔑视的那张脸?易碎的荣耀照着这张脸,这张脸正如荣耀一样易碎;(把镜子摔在地上)瞧它在这儿,碎成了一百片。——留心,沉默的国王,摔这一下的用意是:悲伤那么快就毁了我这张脸。"

第四幕只有这一场戏,一场便是一整幕,这在莎剧中也属罕见。它是全剧的高潮点,是整部戏的精华,专属于莎剧舞台的理查在这场戏里塑造完成。借理查"这顶金冠像一口深井，井里两个水桶，一上一下在打水"这句比喻来说，莎士比亚一方面通过理查从国王到囚徒的"一上一下"，把历史中的理查和戏中的理查强扭在一起，另一方面通过布林布鲁克从遭放逐到谋朝篡位的"一下一上"的陪衬对比，凸显理查的性格。

事实上，莎士比亚为理查王留足了情面，剧中的理查仿佛只为解决爱尔兰战事才横征暴敛，甚至"用兵之事，非同小可，少不了花销，为补充军需，我决定将我叔叔冈特所有的金银餐具、金银钱币、家财资产，一律充公"。这样一来，仿佛理查最后遭废黜，仅只因他劳师远征爱尔兰。戏剧结构也是这样设计的，简单、干脆，不生枝蔓。全剧五幕共十九场戏，从第六场（第二幕第二场）便开始进入废黜理查的戏。在这场戏里，格林告知王后："我们希望他从爱尔兰撤军，赶紧把敌人的希望变成绝望，一支强大的军队已在我国土登陆：遭放逐的布林布鲁克把自己从流放中召回，挥舞着武器安全抵达雷文斯堡。"剧情由此反转。

实际上，在此之前，于第一幕第四场，出征前的理查已露出败象："这一战我将亲自出马。由于宫廷花销巨大[1]，赏赐太过慷慨，国库日渐不支。没办法，我只好把王室领地租给别人，这笔税收可解燃眉之急。若还不够用，我再叫留在国内的国事代

---

[1] 王室雇佣人员上万，御厨即有百余人。据载，1397—1398年，英格兰全国收入13.79万镑，理查王一人用掉4万镑。

理人用空白捐金书①;到时发现谁家有钱,便命他们捐出大量黄金,给我送来,供我所用;因为我马上要亲征爱尔兰。"

因此,顺理成章,到第三幕第二场,理查便只能寄望于上帝的保佑:"狂暴的大海倾尽怒涛也冲不掉国王身上圣油的芳香②;凡夫俗子的指责废黜不了上帝选定的代表。布林布鲁克每强征一个入伍的士兵,向我的金冠举起锋利的刀剑,上帝便会恩赐一个荣耀的天使来报偿。那便是,天使助战,凡人溃散;/因为上天始终保卫正义的一方。"

能指望上帝吗?当理查一听说布希、格林、威尔特希尔伯爵这几个亲信都已在布里斯托"丢了脑袋",便知毫无指望,他对奥默尔说:"让我们谈谈坟墓、蛆虫,还有墓志铭……因为除了把这废黜的躯体埋到土里,我还能留下什么?我的国土,我的生命,我的一切,都是布林布鲁克的,除了死亡和覆盖骸骨的不毛之地上那一小抔泥土,没什么归我所有。看在上帝分儿上,让我们坐在地上,说说国王们如何惨死的故事:有些被废黜;有些死于战争;有些被遭他们废黜的幽灵缠住折腾死;有些被他们的妻子毒死;还有些在睡梦中被杀;全是被谋杀的:——因为死神把一顶

---

① 类似空白支票,金额处空置留白,政府官员强迫富人签名或盖章之后,随意填上金额,再勒令照付。这一强制勒索富人钱财的做法为理查二世的虐政之一,招致怨声载道。
② 指国王加冕典礼时涂在身上的圣油,以此代表国王为上帝选定的尘世代表,神圣不可侵犯。

空心王冠套在一个国王头上,在里面设立宫廷,一个奇形怪状的
小丑坐在那儿,鄙夷他的王位,嘲笑他的威严;死神给他喘口气
的那么点时间,给他一个小场面,让他扮演君王,令人生畏,拿脸
色杀人,使他妄自尊大,产生虚幻的想象,——好像这具生命的
肉身,是坚不可摧的铜墙('铜墙'应是对《圣经》的化用,《旧约·
约伯记》6:12载:'难道我的力量是石头的力量,我的肉身是铜
造的?');死神就这样纵容他,直到最后一刻,死神拿一枚小针把
他的城堡围墙扎透,——再见啦,国王! 你们把帽子戴上,不要
以庄严的敬畏嘲弄一个血肉之躯(此处或是对《圣经》的化用,参
见《新约·马太福音》16:17:'因为这真理不是血肉之躯传授给你
的,而是我天父启示的。'《哥林多前书》15:50:'血肉之躯不能承
受上帝的国,那会朽坏的本能承受不朽坏的。'《以弗所书》6:12:
'因为我们不是对抗血肉之躯,而是对天界的邪灵,就是这黑暗
世代的执政者、掌权者,跟宇宙间邪恶的势力作战。'《希伯来书》
2:14:'既然这些儿女都是血肉之躯,耶稣本身也同样有了人性。
这样,由于他的死,他能毁灭那掌握死亡权势的魔鬼');丢掉恭
敬、惯例、形式和礼仪,因为一直以来,你们全把我看错了:我跟
你们一样,靠吃面包活着,也一样心有念想,品尝悲伤,需要朋
友。凡此种种,你们怎能对我说,我是一个国王?"

　　顺便一提,现在一般把"the hollow crown"译为"空王冠"(意
即空的王冠),"空王冠"在汉语中给人的感觉是"一项里面什么
也没有的王冠",这里实则指一顶"空心"或"中空"的王冠。

这当然也是造成理查悲剧的一个关键点,比如在弗林特城堡雉堞上,他对在城堡外替布林布鲁克前来逼降的诺森伯兰说:"我若不是国王,那就拿出上帝废黜我王权的凭据;我很清楚,除了犯罪、窃取、或篡夺,任何血肉之手都休想握紧这神圣的权杖。尽管你以为,所有人都跟你一样坏了灵魂背叛我,觉得我落得孤家寡人、众叛亲离,但你要明白,我的主人,全能的上帝,正端坐云头为我征召一支瘟疫之军;你们胆敢有不臣之心,威胁我头上宝冠的荣耀,瘟疫必将毁了你们的后世子孙。"

这是死抱君权神授不放的理查!

其实,对于中世纪基督教王国虔诚的臣民们来说,上帝膏立的国王神圣不可侵犯,是天经地义的。第一幕第二场,格罗斯特公爵夫人与冈特的对话便清晰折射出这一点,当时,格罗斯特公爵夫人力劝冈特替兄复仇:"难道血缘同宗不能给你更锐利的刺激? 手足之情不能在你老迈的血里燃起火焰? 爱德华有七个儿子,你是其中一个,真好比七只小瓶装着他的圣血,又好比同根生出的七根俊秀枝条:有几个小瓶已自然干涸,有几根枝条也被命运之神剪断。……啊,冈特,他的血就是你的血! 造他成人的那寝床、那胎宫、那性情、那同一个模具,也造了你(此处应是对《圣经》的化用,《旧约·约伯记》31∶15载:'那位创造我的上帝不也造了他吗? /创造我们的不是同一位上帝吗?'33∶6载:'我们在上帝面前都一样;/你我都是用尘土造成')。尽管你还活着、有呼吸,但他一死,也等于被人杀了:他是你父亲生命的影像,眼见可怜的弟弟死去,竟无动于衷,无异于害死父亲的同谋! ……为我的格罗斯特之死复仇,才是保你命的最好方法。"

可以说,这段话在晓之以理、动之以情之外,最要命之处在于击中了冈特的要害。因为冈特心里很清楚,理查指使人害死了格罗斯特公爵。但他固执己见:"这争执得由上帝裁决;因为他的死是由上帝的代表一手造成;这个代表是在上帝面前接受的涂油礼:倘若他死有冤情,让上天复仇吧,我绝不能扬起愤怒的手臂,对上帝的使者下手。"

整个剧中,冈特、约克,还有坚决反对废黜理查的卡莱尔主教,他们都认定,即使君王有罪,也只能由上帝裁决。

然而理查一点不糊涂,现实如此残酷,他的命运只能由布林布鲁克来裁决! 所以他见机行事,第三幕第三场,在弗林特城堡,他低声下气地请前来谈判的诺森伯兰带话给布林布鲁克:"对他高贵的弟弟前来深表欢迎;对他所提一切合理要求无条件执行:用你所有谦恭的话语,代我向他高贵的耳畔传达亲切问候。"随后,他唯恐遭奥默尔鄙视,赶紧补一句:"老弟,我低声下气,说得如此谦卑,是不是有失身份? 要不我叫诺森伯兰回来,向这个叛徒发出挑战,一决生死?"

不用说,理查的内心痛苦至极,他祈祷上帝:"上帝啊,上帝啊! 当初我曾亲口对那个傲慢之人发出可怕的放逐令,而今又用安抚的话把它撕掉! 啊,愿我像我的悲痛一样伟大,或干脆让我比国王的尊号更渺小! 要么让我忘掉过去,要么别叫我记住现在!"

这样一个国王,莎士比亚却把他写成一个诗人! 当理查见诺森伯兰从布林布鲁克那儿复命返回,马上预感到自己的命运,随即向奥默尔发出一连串诗人的悲叹:"国王现在该做什么? 要他投降吗? 国王只能屈从。非要废了他? 国王同意退位。他必须丢掉国王的尊号? 啊,以上帝的名义,随它去吧! 我愿拿珠宝去换一串念珠;拿辉煌的宫殿去换一处隐居之所;拿华美的穿戴去换一身受救济者的衣衫;拿雕花的酒杯去换一个木盘;拿权杖去换朝圣者的一根手杖;拿臣民去换一对圣徒的雕像;拿巨大的王国去换一座小小的坟茔,一座特小、特小的坟茔,一座无人知晓的坟茔;——不然,就把我埋在公路或哪条商贸干道下面,叫臣民的脚随时踩在君王的头上:因为当我活在世上,他们践踏我的心;一旦下葬,怎能不踩我脑袋? ——奥默尔,你哭了,——我心地善良的弟弟! ——我们能用遭人鄙夷的眼泪把天气变糟,我们的叹息加上泪水,必将毁掉夏天的谷物,给这叛变的国土制造一场饥荒。再不然,我们玩一回比赛流泪的游戏,以苦取乐? 像这样;——眼泪老往一个地儿掉,直到在土里侵蚀出一对墓穴;咱俩就埋在里面,——"

此情此景,对英格兰历史一无所知的读者/观众,或已对这位国王预支出深切的悲悯和同情,或会在心底祈愿,希望他结局别太惨。及至第五幕第五场,关在庞弗雷特地牢里的理查在被杀前不久,拿自鸣钟里的金属小人自喻,在大段诗人的独白中结

束了自己的哲人之旅："在这儿,我耳朵灵敏,哪怕一根弦失音,
也听得出来;但曾几何时,从国家和时代的和谐里,我的耳朵却
听不出一丝走调。我损害了时间,现在时间来损害我;因为此
刻,时间已把我变成它的时钟:我的思想是刻度上的每一分,用
嘀嗒嘀嗒的叹息,向我的眼睛——那钟面,——报出每分钟的间
隔;我的手指,则像上面的时针,一边不断计时,一边不住擦拭泪
水。现在,先生,这报时的嘀嗒声便是吵闹的呻吟,打在我心上,
那声音就是钟鸣:因此,叹息、泪水和呻吟,分别表示每分、每刻、
每时;——我的一生匆匆流逝,布林布鲁克却踌躇满志,此时,我
傻站在这儿,成了他自鸣钟里的小人儿(旧时自鸣钟里金属制的
小人儿,有的身披盔甲,手持小槌,一刻钟敲击一下)。这音乐叫
我抓狂,别出声啦!(音乐止)尽管它能帮疯子恢复神志,可对于
我,却能使智者癫狂。不过,那把音乐带给我的人,我祝福他的
心! 因为这表示一种爱意,毕竟在这充满仇恨的人世,对理查的
爱是一件稀世珍宝。"

纵观全剧,理查与布林布鲁克像深井里打水的两个水桶似
的"一上一下""一下一上"的对比无处不在。单看两人的命运转
换,约克公爵府里那位同样够诗人资格的园丁,向王后说出的那
个"天平比喻"更为贴切:"理查王,已在强大的布林布鲁克掌控
之中;把他俩命运放天平上称一称:您夫君这边不算他自己,啥
也没有,那几个轻浮的亲信,只能叫他分量更轻;但在强势的布
林布鲁克这边,除了他自己,还有所有的英国贵族,凭借这个优

势,他的分量就把理查王压倒了。"

然而不知此时已对理查心生同情的读者/观众是否忘了,在布林布鲁克压倒理查之前,曾几何时,理查绝不是一个被诗意冲昏头脑的国王。那是一个刚愎自用、反复无常的理查,话一出口,便裁定布林布鲁克和毛伯雷以决斗定生死;那是一个君无戏言、令行禁止的理查,比武场上,把权杖一扔,瞬间叫停决斗;那是一个独断朝纲、不可一世的理查,命令一下,立刻判布林布鲁克放逐十年,毛伯雷终生流放;那又是一个并非不懂帝王之术的理查,他怕布林布鲁克和毛伯雷在流放期间联手结盟,命他俩立下誓言再走:"把你们遭放逐的手放在我的国王宝剑上,……遵守我钦定的誓约:……流放期间永不彼此和好;永不会面;永不书信往来、互相致意;对在国内酿成的阴郁吓人的仇恨风暴,永不和解;永不心怀不轨蓄意谋面,阴谋策动、筹划、合谋针对我、我的王位、我的臣民或国土的一切恶行。"

由此,把理查和布林布鲁克这对堂兄弟权谋、心计的砝码放在天平上称一称,应该分不出"一上一下"。理查下令放逐布林布鲁克和毛伯雷,貌似对两人各打五十大板(显然,打在毛伯雷屁股上的板子更重,因为对他的判决是终身放逐,最后毛伯雷客死威尼斯)。实际上,理查早对布林布鲁克"取悦于民"心怀忌惮:"他以一副谦恭、亲和有礼的模样,活像潜入了他们内心;他甚至不惜向奴隶抛去敬意,以暗藏心机的微笑和对命运的耐心忍受,讨好那些穷工匠们,好像要把他们对他的深情一起带到流

放地去。他摘下软帽向一个卖牡蛎的姑娘致敬；有两个马车夫
对他说了一声'上帝保佑'，他立刻膝盖打弯，像进贡似的致谢，
还加上一句'同胞们，亲爱的朋友们，多谢'，好像一下子成了万
民期待的王位继承人，只要我一死，英格兰就归他了。"而毛伯雷
策划谋杀了格罗斯特公爵（剧中没明确交代谋杀为理查指使）。
因此，借布林布鲁克和毛伯雷相互指控之天赐良机，同时将两人
放逐，可免除后患。没隔多久，冈特因儿子遭放逐，抑郁成疾，发
病而亡，理查又趁机将冈特的全部财产没收，作为贴补远征爱尔
兰的军饷。

　　真是一箭双雕！但理查没想到，算错一步，满盘皆输——正
是没收冈特全部财产、剥夺布林布鲁克合法继承权这把双刃剑，
最终不仅害他断送了王朝，还丢了性命。

　　与不惜用好多段精彩独白、对白塑造理查性格比起来，莎士
比亚对布林布鲁克吝啬许多。从他后来专写布林布鲁克的《亨
利四世》（上、下）更容易看出，他不喜欢这位擅以虚情假意取悦
民心、以空头承诺笼络贵族的篡位之君。或因为此，布林布鲁克
在《理查二世》中虽戏份不少，但没那么出彩。显然，以人物性格
塑造来论，理查压倒了布林布鲁克。

　　第二幕第三场，在格洛斯特郡荒野，布林布鲁克与诺森伯兰
之子亨利·珀西（即《亨利四世》中的"暴脾气"的霍茨波）第一次
见面，布林布鲁克寒暄得十分客气："谢谢你，高贵的珀西；相信
我，我有一个铭记好友的灵魂，没什么比这更让我感到幸运。一

旦我的运气随你的爱戴成熟起来,它终会报答你的忠诚。我的
心立下这个契约,以我的手为凭做证(与珀西握手)。"不久,布林
布鲁克又对前来投奔他的罗斯和威洛比勋爵表示:"欢迎,二位
大人。我深知,你们以友情追随一个遭放逐的叛徒;眼下我的所
有财富只是一句空口白牙的感谢,待我富足之后,对你们的忠心
和劳苦,一定酬谢回报。"

最终的结果是,当布林布鲁克成为亨利四世以后,对所有许
下的承诺丝毫不兑现,导致贵族们纷纷起兵谋反。

第三幕第三场,布林布鲁克授命诺森伯兰前去跟躲在弗林
特城堡里的理查谈判:"到那古堡凹凸不平的墙下,用黄铜军号,
把谈判的气息吹进残破的墙洞。这样宣布:亨利·布林布鲁克愿
双膝跪地,亲吻理查王的手,向他最尊贵的国王表达忠诚和虔敬
之心;只要他撤销我的放逐令,无偿归还我的土地,我情愿跪在
他脚下,放下武器,解散军队;否则,我将以武力的优势,用从被
杀英国人的伤口里喷涌的血雨,荡平夏日的尘埃。对此,我虔诚
一跪足以表明,布林布鲁克绝无此心,要用猩红的瓢泼的血雨浇
透理查王翠绿的沃土。……我觉得,我与理查王今日一见,其可
怕绝不亚于暴雨雷电交加,发出一声霹雳,便把苍天阴云密布的
双颊撕裂。"

多么虚情假意! 此时此刻,野心勃勃、兵临城下的布林布
鲁克,要的是不战而胜,夺取理查的王权、王位、王冠,成为一
代新王。

　　莎士比亚想透过塑造布林布鲁克的形象表明,高明的政治家都是出色的演员。布林布鲁克堪称演技高超,当理查走出城堡向他投降,他命令部队站开,向理查行礼,并"屈尊下跪"。理查手指王冠,不无揶揄地说:"起来,兄弟,起来!尽管你膝盖跪得低,/但我深知你心高,恐怕少说也有这么高。"布林布鲁克显出十分谦恭的样子,客气地宣称:"仁慈的陛下,我此来只为我分内所得。"这时,已先自我废黜的理查无奈地表示:"你分内的是你的,我也是你的,一切都是。"布林布鲁克继续不失礼仪地说:"最令人尊崇的陛下,到目前我之所得,是因我的效忠理应得到您的恩宠。"

　　至此,兄弟俩"一上一下"的地位完成了乾坤逆转。到了第四幕,在威斯敏斯特宫大厅,布林布鲁克向议会宣布"以上帝的名义,我登上国王的宝座。"他命人把理查带来,叫他宣布退位。

　　然而退位的理查始终是布林布鲁克的心病。最终,布林布鲁克的马屁精埃克斯顿从他加重语气说了两遍的"没有朋友替我除掉这个死对头吗?"这句话里,瞅准圣意,决心替新王除掉旧王"这个仇敌"。第五幕第五场,埃克斯顿亲自带人前往庞弗雷特城堡地牢,杀了理查。他把装着理查尸体的棺材带到温莎城堡,放在布林布鲁克面前邀功请赏:"您最大的死敌中最有势力的、波尔多的理查,我带到此处;/他躺在里面,全无半点声息。"谁知这个时候,新王不仅不感谢帮他铲除后患的心腹,而且怪罪他:"用致命的手造了一件招诽谤的事,/毁谤落我头,国体上下皆负恶名。"剧终前的最后一段韵体独白,道出了布林布鲁克的心声:"我也不爱你,尽管我真心愿他死,/见他被杀我开心,但我痛恨凶手。/叫你的良心负罪,算对你的酬劳,/我的赞誉和恩典,哪个也得不到。/与该隐做伴,在夜的阴影里游荡,/无论白与昼,永远不要抛头露面。/……我要做一次远航,前往圣地(耶路撒冷),/把这血污从罪恶之手上清洗。"

从此,埃克斯顿永远消失在黑暗里。布林布鲁克没把他杀掉,已算仁慈。

综上所述,由整个剧情来看,莎士比亚无意对理查二世的暴君形象做过多渲染,从他发明创造的几处有违史实的剧情,不难发现他就是要描绘一个具有多愁善感的诗人气质、不属于历史而独属于戏剧舞台的理查。一方面,意在以一个怯懦、无能国王遭废黜的故事,呈现英格兰皇家历史上的确曾有过这样一个极不光彩并令人震惊的时刻,即由上帝膏立、君权神授的合法国王,被精通权谋、善于取悦人心的高明政治家布林布鲁克篡夺王位;另一方面,通过挖掘理查治国之昏庸、理政之暴虐、用兵之草率、性情之无常、行为之乖张,揭示他最后招致众叛亲离、王位被废的命运,完全是咎由自取。

这又何尝不是对君权神授的一种反讽? 全剧的悲剧性和戏剧性也在于此。不过,莎士比亚显然对这位昏聩无能的合法国王或多或少寄予了同情。或许,他有意留下一个疑问:亨利四世(布林布鲁克)指使亲信埃克斯顿害死被废之君,这一罪孽,比当年理查二世授意托马斯·毛伯雷害死格罗斯特公爵,更不可饶恕吗? 无论君权神授的理查二世,还是谋逆篡位的亨利四世,两位国王犯下的君王之罪是一样的!

《亨利四世》:福斯塔夫与哈尔王子

用梁实秋的话说,福斯塔夫不是一个简单的丑角。他的复杂性几乎可以和悲剧的哈姆雷特相提并论。他在《亨利四世》里所占的重要性远超出寻常丑角的比例。上篇一共十九场,福斯塔夫出现了八场。在没有露面之前,他在帷幔后面鼾声雷动,已引起了观众的大笑。他的颟顸,他的天真,他的妙语连珠,他的饮食男女的大欲,使得他成为一个又好玩又可爱又可恶的东西。这样,莎士比亚破坏了一出戏应有的"单一性",使得历史剧变了质。但是哪一个观众或读者能舍得不要这一个特殊的角色呢?

《亨利四世》是两联剧,分上下两篇,下篇结构松散,剧中许多人物与观念都是上篇的扩展和延长。例如:酒店老板娘在上篇只是走个过场,下篇发展为桂克丽夫人;福斯塔夫对如何通过招募新兵赚钱,上篇只在第四幕第二场口头说说,下篇扩展为整个第三幕第二场。上篇,福斯塔夫只是给哈尔捧场的次要人物,下篇则变成主要角色。

亨利四世在全剧中分量不多。与其说该剧是"亨利四世的悲剧",不如说它是"福斯塔夫的喜剧"。由于喜剧性情节穿插过多,导致福斯塔夫在整个结构中喧宾夺主,反过来看,则由于福斯塔夫这个角色充分成长,成为莎士比亚幽默人物最成功的代表,恰好是大收获。

除了福斯塔夫这个人物,关于这出戏的政治寓意,梁实秋所说最为关键:"历史上的亨利五世(即此剧的哈里王子)在伊丽莎白时代的英国人心目中,是英国最伟大的英雄,最英武的国王,因为他统一全国扬威域外。他是万民拥戴的偶像。莎士比亚无疑的也抱着同样的一份爱国的心情。所以他在两篇《亨利四世》和一篇《亨利五世》里,一心一意地要形容这一位英主,其他人物均是陪衬。"

由此便能理解,莎士比亚在剧情中对福斯塔夫与哈尔联手戏的编排其实不多,能算上正戏的只有三场:上篇盖德山抢劫之前的第一幕第二场,野猪头酒店的第二幕第四场;下篇野猪头酒店的第二幕第四场。除了这三场,其他两人同时出场的戏,都只算过场戏。而这三场中,又只有上篇第二幕第四场堪称唯一的联手大戏。

先来看上篇第一幕第二场,福斯塔夫死说活说要拉哈尔去抢劫,哈尔惊叹:"谁?我,去抢劫?做贼?以我的信仰起誓,不干这事儿。"福斯塔夫马上反讽:"你要是连十先令的胆子也没有,那你既不守信,又没血性,还不够朋友,身上没半点儿皇家血统。"最终,是波恩斯捉弄福斯塔夫,"叫他出丑"的主意让哈尔动心。也就是说,王子没参与抢劫客商的匪盗行为,他只与波恩斯一起劫了福斯塔夫的钱财。而且,最后他把抢来的钱财都物归原主。

但有能吹牛的福斯塔夫参与本身,就足以让盗匪盖德希尔产生这样的错觉:"其他几条好汉,你做梦也想不到,他们劫道儿只为寻开心,给干这行的添光彩;一旦事情闹大,真有人来查,他们也会顾及脸面,把一切摆平。我这帮哥们儿可不是平地抢劫的毛脚贼,也不是为六便士打闷棍的主儿,更不是一脸大胡子的酒鬼;他们是生活安逸的贵族、市镇官员,全都来头不小。"这是戏剧构思的需要,因为盖德希尔怎么可能预知哈尔同波恩斯商量好,要劫他们。

再来看下篇第二幕第四场,这一场几乎是囊括了福斯塔夫、巴道夫、桂克丽、道尔、侍童、皮托等一大群人的闹戏,其中穿插哈尔和波恩斯假扮店伙计再次捉弄福斯塔夫的情节。哈尔以福斯塔夫背后诽谤他为由,佯装要处置福斯塔夫,福斯塔夫赶紧抵赖:"没诽谤,内德,天地良心,诚实的内德,一点儿没诽谤。我在歹人面前说他不好,是防着坏人爱上他。——我这样做,算尽到了贴心朋友和忠诚臣子的一份心,你父亲该感谢我才对。不是诽谤,哈尔。——没一点儿诽谤,内德,一点儿没有。——没诽谤,真的,孩子们,没诽谤。"在这一场景,哈尔与福斯塔夫斗嘴的联手戏没占多少戏份,而剧中像这样耍贫逗趣的对话不胜枚举,这些都是为使剧情具有闹剧色彩,吸引观众设计的。莎士比亚写戏之初可能没想到这样写会使闹戏喧宾夺主,当然,也有可能为使闹戏吸引观众故意为之。

为何如此设定?可明显看出,是莎士比亚出于维护哈尔形象的周全考虑,他不能总让哈尔跟福斯塔夫在一起毫无止境地胡闹,既不让他参与盖德山抢劫,也不让他与妓女鬼混,更不让他有任何福斯塔夫那样贪赃枉法、坑蒙拐骗的做法，而只让他拿福斯塔夫开涮、取笑、逗乐、打趣、调侃、讥讽。这从他俩戏谑的彼此互称便可见出：福斯塔夫登台亮相开口第一句台词，是在第一幕第二场从酣梦中醒来对王子所说："喂，哈尔，孩子，这会儿啥时候了？"整个剧中，只有福斯塔夫和波恩斯称呼王子"哈尔"。在福斯塔夫眼里，哈尔永远是他的"乖孩子""亲爱的调皮鬼""一个最会打比方、调皮捣蛋，——又十分可爱的亲王"。调侃的称呼里不失恭敬。

反过来看哈尔，他不仅给福斯塔夫起了好多绰号，每一个绰号里都藏着鄙夷的差评："婊子养的肥肉球""肥佬""无赖""大酒桶""大皮囊""罪恶""邪恶""恶棍"（中世纪道德剧中的角色）"白胡子老撒旦""肿胀的杰克""肥肥的肉垫""婊子养的点蜡的肥油"，还有一连串说出口的"蠢胖子，榆木疙瘩，婊子养的，下流的，腻乎乎的，肥得流油的"。

可以说，哈尔从没信任过福斯塔夫："约翰爵士说话算数，——魔鬼也会依约行事，因为'该归魔鬼的都归魔鬼'，他对这句谚语从没食过言。"在哈尔眼里，福斯塔夫只拿忏悔耍嘴皮子，根本不信上帝，连波恩斯都拿福斯塔夫打趣，叫他"悔过先生"。哈尔更是当面表示不屑："你真会悔改！——祷告一完，就去抢钱。"因此，哈尔早把"这帮人看透了"，他盘算好要学太阳，暂时跟"恶浊的乌云"凑一块儿，只为将来"冲出要把它窒息的邪恶、丑陋的云雾"的时刻"再现辉煌"，"我一旦抛弃放浪形骸"，"要让自新在过错上闪光"。

福斯塔夫饱食终日,过一天算一天的福斯塔夫,怎能知晓哈尔深谋远虑的宏伟志向!他把一切都挂在哈尔身上,他自作聪明地以为,"人呀,用黏土捏成的蠢东西,脑子里造不出什么像样儿的笑料,不是我造的,就是造出来用在我身上。我不仅自己长脑子,别人的脑子也是因我才有的"。因此,他甘当哈尔的笑料,只为有朝一日位高权重、威风八面。他常对哈尔把"等你当了国王"挂在嘴边,因为他最担心哈尔当了国王之后变心。他在酒店吃喝玩乐的一切开销,都是哈尔买单。这令他无比感动:"你是继承人,这儿的人谁都知道,——可是,请问,亲爱的调皮鬼,等你当了国王,英格兰还有绞架吗?盗贼的勇气还照样受挫,叫法律这个老丑角儿用生锈的嚼子勒住吗?等你当了国王,一个贼也别吊死。"同时,他又反过来怪哈尔:"你把我害惨了,哈尔,——上帝宽恕你!认识你之前,哈尔,我啥都不懂。如今,说句掏心窝子的话,我没比一个坏蛋好多少。我一定要放弃这种生活,一定得放弃。不然,我就是一恶棍。我才不会为基督世界里一个国王的儿子下地狱。"

有了这一层,福斯塔夫才似乎对哈尔更加深信不疑,否则,他也不至于在闻听哈尔成为亨利五世之后,本能的第一反应是"英格兰法律我说了算"。可对此,哈尔早想好了,一旦"当了国王",便立刻用太阳(太阳是王室的象征)把"恶浊的乌云"驱逐。

亨利五世：史诗般的自我"颂圣"

在《亨利五世》剧中，这种史诗般的自我"颂圣"，从第一幕第二场后半段亨利五世召见法国使臣就开始了。法国使臣奉王太子之命觐见亨利五世，开门见山转述王太子的口信，并送一箱宝物作为礼物。亨利五世轻描淡写地问了埃克塞特公爵一句："什么宝物，叔叔？"埃克塞特查看箱内装着的网球，回复说："网球，陛下。"面对如此嘲弄，亨利王丝毫不动怒，而是表现出一代圣君才有的从容大度。他对使臣说："很高兴王太子拿我如此打趣，感谢他的礼物和你们的辛劳。等我给这些球配好网球拍，我愿去法国，凭着上帝的恩典，跟他打一局，一定把他父亲的王冠打进球洞。①……告诉王太子，我会以上帝的名义前来，尽力为自己复仇，并在一件神圣的事业中伸出我正义之手。"这不怒自威

---

① 亨利五世在此表达的是双关意。"配好网球拍"，指为进军法国做好准备。"球洞"，指网球场两边墙上的豁口，将球打进豁口者得分；其双关意指"危险"。"把他父亲的王冠打进球洞"意为，到时他父亲的王冠就有被打掉的危险。此处的网球指古式网球，最早源于十二三世纪法国传教士在教堂回廊用手掌击球的游戏，后成为法国宫廷的一种游乐消遣，于14世纪中叶传入英国，为爱德华三世所喜爱。其得分方式与现代网球不同。现代网球源于19世纪70年代早期英国的草地网球。

的豪言,是亨利王在剧中的第一篇自我"颂圣",昭示了一代雄主舍我其谁的霸气。

这是向敌国传递发动战争的信号:亨利五世对英格兰王位兴趣不大,他要在法兰西崛起君威王权的伟大荣耀。最后,亨利五世叫使臣转告王太子:"他的玩笑只是耍小聪明的逗趣,有人发笑,却更有千万人哭泣。"

全剧中,几乎每篇亨利五世的大段独白都是一首英雄颂歌,颂歌的主人公是国王自己。第二幕第二场,南安普敦,出兵之前,亨利五世不动声色,事先搜集好确凿证据,然后当众揭穿斯克鲁普勋爵、剑桥伯爵、格雷爵士三位贵族的阴谋。

在此,亨利五世有两大段独白,第一段义正辞严地逐一指责这三个"反咬"君王"仁慈之心"的叛国者:"我本有一颗鲜活的仁慈之心,却被你们的秘密击败、杀死:你们若知羞耻,必不敢谈什么仁慈,因为就像群狗反咬主人,你们的心胸被自己的论调撕咬。——我的亲王、贵族们,看吧,——这些英格兰的怪物!……背叛与谋杀,向来合二为一,像两个共负一轭誓言互助的魔鬼,为同一个目标如此公然合作,对邪灵孽妖来说十分自然,不必大惊小怪。而你,却违背一切常理,竟使背叛和谋杀变成奇迹;如此不合人情蛊惑你,不管这个狡猾的恶魔是谁,都足以当选地狱精英。"

这是一篇作为上帝代表的国王的宣言,面对如此"仁慈"之君,三位叛臣俯首认罪,恳请宽恕。接着,是亨利王的第二段长篇独白："愿仁慈的上帝宽恕你们！听着,这是判决:你们勾结敌国,谋反本王,收受贿金,欲置我于死地;你们要出卖、杀戮你们的国王,将他的亲王、贵族卖身为奴,叫他的臣民遭屈受辱,把他的整个王国败光毁灭。……——把他们带走！——现在,诸位,向法兰西进军:这场战事对你们、对我同样荣耀。我毫不怀疑,这将是一场光荣、成功之战,因为上帝如此荣耀,揭露了潜伏在路上,阻碍我们进军的这一凶险叛逆。我现在毫不怀疑,前进路上的一切障碍都已铺平。那么,亲爱的同胞们,出发吧:让我们把军队交给上帝之手,立即行动。"

至此,不难发现,亨利王每篇自我"颂圣"都有不同的戏剧作用。这番独白有两个作用:以仁慈的上帝的名义对叛臣进行宣判,以国王的名义发布英格兰王国团结一心征战法兰西的战前誓言。莎士比亚善于运用戏剧人物长篇独白的语言张力,在这段对白最后,他以一首两联句韵诗,让紧张的语境松弛下来,把亨利王铲除叛徒后内心轻松、振奋精神状态显露出来:"开心去海上,高举起战旗。/若不称法王,誓不做英王。"

伊丽莎白时代的英国剧场,戏剧舞台空间十分狭小,无法像电影全景镜头那样表现宏大的战争场景。因此,莎士比亚不必操心在他死后三百多年电影诞生之后,电影导演操心的那些事儿,而只需透过舞台表现出戏剧人物和情景的戏剧性就够了。

第三幕第一场,英军兵临哈弗勒尔城下,莎士比亚只安排国王发表一篇最典范的英雄史诗作为攻城动员令,英军便突破了哈弗勒尔的防守:"再冲一次那个突破口,亲爱的朋友们,再冲一次;否则,英国人只能用尸体把这城墙围困!……——冲啊,冲啊,最高贵的英国人!你们的热血是久经疆场考验的父辈传下来的!——父辈们曾像亚历山大一样,在这一带血战,从早杀到晚,直到把敌人杀得一个不剩,才刀剑入鞘。——莫让你们的母亲蒙羞①,现在证明,确实是你们喊作父亲的那些人生了你们。现在,给那些出身低微之人做个榜样,教他们如何打仗!……猎物在移动,由着你们的血性,炮响一声,高喊:'上帝保佑哈里、英格兰与圣乔治②!'"

这是《亨利五世》最迷人、最成功的地方,既然莎士比亚要以戏的方式为国王写史诗,那最简单、直接又有效的方式,便是在国王一个人身上做足文章,让国王以一篇又一篇爱国主义演说把自我彰显到最大化。因此,在剧中,观众一次又一次看到演说中的国王。他修辞力量之巨大,足以攻陷敌方城池。但显然,国王的演说常有空洞和自我吹嘘的嫌疑,内容高大上,手法单调,缺少戏剧性。这样一来,国王的演说又变成《亨利五世》艺术上的短板。诚然,莎士比亚从开始动笔就为《亨利五世》选定了这样的戏剧方式,即让"戏中的史诗"远远大于"史诗中的戏"。

第三幕第三场,亨利五世再次以长篇演说的方式,对哈弗

---

① 亨利五世意在激励士兵,暗示:假如你们拿不出勇气,便证明你们的母亲跟别的男人私通,你们不是你们勇敢的父亲所生。

② Saint George,英格兰的守护神。

勒尔总督发出最后通牒："城里的总督还没决定？①这是我允准的最后一次停火谈判，所以，接受我最大的仁慈，否则，就像那些毁于自傲之人，把能使的手段都使出来②，拼死抵抗：因为，作为一名军人——在我心里，这个称谓最适合我——一旦我再次发起炮击，若不把这攻下一半的哈弗勒尔城埋入灰烬，决不收兵。……你们赤裸的婴儿被刺穿挑在枪尖上，与此同时，疯狂母亲们撕心裂肺的哭号冲破云霄，就像犹太的女人们面对希律王手下血腥猎杀的刽子手③。"

　　然而，毋庸置疑，这种"颂圣"方式为后人眼里的国王留下了名誉的污点，即这一段充满血腥的诗意文字刻画出的这位"国王战士"，恰恰是"国王"与"战士"的组合：一个无坚不摧的国王，一个"嗜血成性"的战士。只是对此，无法断定莎士比亚是有意还是无意的。或许这里透出莎士比亚这样的反讽：一个怀有"仁慈之心"的基督教国王，对另一个信奉上帝的基督教王国，可以"伸出血腥的手肆意屠戮"。

　　剧情发展到第三幕第六场，阿金库尔决战前夕，亨利王向奉命前来讨要赎金的法军传令官蒙乔故意示弱："我的兵力因

---

① 可有另一译法：城里的总督还那么死硬？
② 此为一种用来挑战的习惯性用语。梁实秋译为：顽抗到底，尝尝我的厉害。
③ 希律王是公元前37至公元前4年罗马帝国犹太行省（加利利和犹太地区）的统治者，为杀死圣婴耶稣，下令将伯利恒及周边地区所有两岁以下的男孩儿全部诛杀。

疾病削弱很多,人员减少,现有兵力不见得强于法军;可我告诉你,传令官,身康体健时,一双英国军人的腿,抵得上三个法国兵。——不过,宽恕我吧,上帝,我竟然如此自夸!——你们法国的空气吹胀了我这一恶习,我必须自责。——所以,去吧,告诉你的主人,我在这儿;我的赎金就是这不微足道的虚弱身躯,我的军队也只是体弱多病的卫兵。可是,上帝助我,告诉他,哪怕法国国王本人,再加一个和他一样的邻国国王挡在路上,我也要向前冲。"

这是一个无比自信、勇往直前的国王!

第四幕第一场,亨利五世乔装打扮,微服巡营。在此,莎士比亚把国王自我"颂圣"的口吻,变成对一个普通人的内心书写。考特、贝茨和威廉姆斯三个普通士兵,谁也不知道跟他们交谈的正是国王本人,他们自然流露出临战之际的胆怯。自称"一个朋友"、在欧平汉手下当兵听差的亨利五世毫不避讳地透露英军的处境"真好比遭受海难的一群人困在沙洲上,只等下一次潮汐将他们冲走"。然后,他这样描述"自己":"这么跟你说吧,我觉得国王,不过是一个人,跟我一样:紫罗兰的味道,他闻、我闻一样香;头顶这片天,对他、对我都一样;……不过,按理说,没谁能使他露出哪怕一丝一毫的恐惧,不然,他一旦畏惧,军队就会丧失勇气。"可士兵们仍然心有疑惑,他们担心一旦开战,国王为保命,便会向法军缴纳赎金。对此,这位极不普通的"普通士兵"以普通士兵的身份激励他们:"我想,死在哪儿,也不如与国王同生共死令人欣慰；——他的事业是正义的，他为荣耀而战。"

这是一个临危不惧、视死如归的国王！

士兵们走了，亨利五世独自一人。这时，莎士比亚再次不惜笔墨，以长篇独白让国王敞开心扉："责任都算国王头上！——让我们把生命、把灵魂、把债务、把揪心的妻子、把子女、把罪过，都加在国王身上！我必须承受一切……除了威仪，这样一个可怜虫，白天干苦力，夜里睡大觉，比一个国王占便宜。奴隶，分享国家之太平，且安享太平；但他愚钝的脑子并不知晓，在平民百姓最得好处之时，国王为维护和平，睡得多不安稳。"

这是一个勇于担责、洞悉世相的国王！

第四幕第三场，终于到了阿金库尔战场。双方军力对比"众寡太悬殊了"，法军对英军占据"五比一"的优势。身处劣势，连能征善战的威斯特摩兰将军都不由感叹："啊，只愿今天在英格兰无事可做的闲人，来此补充一万兵力！"谁曾想，亨利五世竟会反唇相讥："谁有如此愿望？是威斯特摩兰老弟？——不，我可敬的老弟，倘若我们注定死去，这损失足以让英格兰痛惋；假如我们命不该绝，人越少，分享的荣誉越大。……我们这几个人，我们这几个幸运之人，我们这群兄弟——因为谁今日与我一同流血，谁就是我的兄弟——甭管他地位多么低下，这一天将使他身份变得高贵。"

置之死地而后生，兵力越少，荣耀越大，这是身先士卒、神勇豪迈的国王！

在剧中,此前发生的一切都是为了阿金库尔,阿金库尔战后发生的一切又都源于阿金库尔。胜者为王,阿金库尔成就王者。

终于,莎士比亚为国王设计的一连串自我"颂圣"接近顶点——阿金库尔之战一触即发。法军大元帅派蒙乔前往英军营帐,再次觐见亨利五世,像英格兰国王威胁哈弗勒尔总督那样,发出最后通牒:"哈里国王,我再次前来,想获知,你在必遭灭顶之前,现在是否愿以赎金求和:因为你的确身临旋涡,势必被吞没。"

亨利王断然拒绝:"请你把我原来的答复带回去,叫他们先赢了我,然后卖我的骸骨。仁慈的上帝!他们为何如此嘲弄可怜人?狮子还活着,有人先卖狮子皮,结果猎狮丢命。毫无疑问,我们大多数人将葬于故土,我相信,坟茔之上还将以黄铜纪念碑永远见证这一天的功绩。……——告诉大元帅,我们是打仗的勇士,不是来度假的,……高贵的使者,别再为赎金劳神:除了我这把骨头,我发誓,他们什么也得不到;即便我这副骨架落在他们手里,也没什么用,告诉大元帅吧。"

这是豪气冲天、宁死不降的勇士!

舞台不是战场,表现战争之惨烈简单至极,在舞台上,几个演员走个过场,双方鏖战立见分晓;阅读中,舞台提示:"战斗警号。舞台过场两军交战。"已宣告两军正在厮杀;戏文里,法军奥尔良公爵一句"今日一战,满盘皆输",王太子一句"谩骂和永久的耻辱坐在戴羽毛的头盔上嘲笑我们",便昭示法军惨败。难怪奥尔良公爵反问："这就是那位我们派人去要赎金的国王吗？"

正是这位国王，在第四幕第八场，手拿法军阵亡名单喜不自胜："这份清单告诉我，有一万名法国人被杀死在战场，其中阵亡的亲王和佩戴家徽的贵族，一百二十六名，加上骑士、乡绅、英勇的绅士，共计阵亡八千四百人，其中的五百名骑士是昨天受封的。所以，在他们损失的一万人中，只有一千六百名雇佣兵，其余全是亲王、男爵、勋爵、骑士、乡绅，以及门第显贵的绅士。"反观英军阵亡人数呢？除了约克的爱德华公爵、萨福克伯爵、理查·柯特利爵士、乡绅大卫·加姆，"再没有身份高的了，把所有阵亡者加起来，不过二十五人"。国王随即把自我"颂圣"改为颂扬上帝："啊，上帝，全凭您的力量！我们丝毫不敢贪功，只因有您神助！谁见过，不用计谋，两军交锋，战场上硬碰硬，一方伤亡如此惨重，一方损失微乎其微？——接受它，上帝，因为它只属于您。"

这是炫耀荣耀、名垂青史的国王！

从剧情发展来说，阿金库尔一战不仅注定了英法两国胜王败寇的主从地位，还给国王的自我"颂圣"方式和文风带来改变。第五幕第二场，在向凯瑟琳的求爱里，亨利五世的自我"颂圣"自然透出征服者难以掩饰的霸气："……我对您说的，是一个军人的大实话。如果您能因此爱我，就接受我的求爱；如若不能，听我说，我就去死，这是真话。……在您有生之年，亲爱的凯特，接受一个坦率、诚实、毫无杂质的人吧，他一定会真心对您，因为他没本事在别的地方求爱。……如果您愿接受这样一个人，接受我:接受我,就是接受一个军人;接受一个军人,就是接受一个国王。您对我的求爱有什么说的? 说呀,我的美人儿,好好说,我恳求您。"

这是一个击溃法国军队的英国军人,一个征服法兰西的英格兰国王!

但这是求爱,还是胁迫,抑或掠夺? 莎士比亚不告知答案。至少,把亨利五世视为"英国人爱国主义的同义词"的英国人,有理由继续沉浸在征服者的浪漫豪情里。因为,亨利五世的自我"颂圣"尚未结束,他对被自己打败的法国王的女儿说:"我心底足以救赎的信仰告诉我,您必将属于我,——我凭一场混战得到您,所以,您必将证明自己是孕育军人的好母亲。难道您和我,就不能在圣丹尼斯和圣乔治的护佑下,共同创造一个男孩儿,一半法兰西血统,一半英格兰血统,有朝一日跑到君士坦丁堡,去揪土耳其人的胡子? 难道不成吗? 说话呀,我美丽的百合花!"

这是一个血脉里充盈着野性浪漫,誓言再孕育下一代征服者的国王!

最终,全剧即将落幕,国王的自我"颂圣"升至顶点。亨利王以名誉起誓,用纯正的英语,向被征服的法兰西王国的公主说:"凯特,我爱您! ……虽说我貌不惊人,难以软化女人心。唉,真该诅咒我父亲的野心! 在我坐胎之时,他一心想着内战;所以我生来一副粗硬外表,脸色如铁,一开口向姑娘们求爱,吓不跑才怪。……丢掉您处女的羞涩,以王后的神情承认您的心思,拉起

我的手,说:'英格兰的哈里,我属于您!'我的耳朵一听到这句祝
福,我就大声告诉您,——'英格兰属于您,爱尔兰属于您,法兰
西属于您,亨利·普朗塔热内属于您。'这个人,当他面儿我也要
说,即便他不是国王中最好的一个,您会发现他是好人里顶好的
国王。"

这是在自我"颂圣"的国王眼里一个"好人里顶好的国王"!

总之,撇开阅读,单从舞台演出的角度来说,饰演亨利五世
的演员,得是一架多么强力的记忆机器! 要把那么多的自我"颂
圣"背得滚瓜烂熟,并神气活现地表演出来。

《亨利五世》对莎士比亚是一次挑战,他以"戏说"的方式完
成了"史诗";对饰演这个角色的演员是一个挑战,他需要以"史
诗"的姿态演"戏";对今天的观众,尤其读者,恐怕是更大的挑
战,他们(不算英国人)对亨利五世会有爱国主义的认同吗? 不
得而知!

莎剧中的理查三世:一个十足的"反英雄"

　　当过演员的莎士比亚深谙舞台表演之道,懂得不论上演惨烈的悲剧还是血腥的史剧,都必须把或滑稽的冷嘲,或反讽的热讽,或搞笑的插科打诨,或逗趣的双关语游戏等幽默作料,灌输到人物行为中,才能迎合观众。在莎士比亚时代,挣满票房的戏才意味着成功。当然,不难发现,《理查三世》体现出莎士比亚探索戏剧技巧的努力,他在剧中不时穿插一些喜剧化的幽默场景,而这些场景都是从理查如何"自画"与如何将"自画"付诸行动之间的夹缝里冒出来的。这也是该剧的一大特色。换言之,《理查三世》的最大戏剧技巧即在于,让理查在或"自画"或"他画"的"变色""变形"之中把自己演成一个"反英雄"。剧中以三场大戏完成了对这位"反英雄"的塑造。

　　第一场"反讽式幽默"大戏,发生在理查与亨利六世的儿媳安妮夫人之间。第一幕第一场最后,理查以独白向观众"自画"下一步即将实施的阴谋:"我要把沃里克的小女儿①娶到手。我

---

① 即安妮·内维尔夫人。莎士比亚误以为安妮是亨利六世之子小爱德华的遗孀,实则订婚未娶,只是未婚妻。在《亨利六世》下篇,沃里克伯爵因爱德华四世背弃与法兰西波娜女士的婚约,反戈一击,与约克家族作战,受伤阵亡。

杀了她丈夫、她公公①，那又如何？那变成她丈夫、她公公，则是补偿这少妇最现成的办法。我要这么做，不全都为了爱，我还有一个深藏不露的意图，非得靠娶她才能实现。"随之，第二幕第二场，理查便以厚颜无耻的变态方式向正在为公公送葬的安妮求爱，并获成功。要知道，前一刻，理查在安妮眼里还是"可怕的地狱里的杂役""丑陋的魔鬼""最该诅咒的凶犯"，下一刻，安妮便在理查一连串"反英雄"修辞攻势的求爱之下——"您的美貌正是那个结果的诱因。您的美貌，在睡梦里萦绕我，叫我弄死全世界的人，这样我才能在您甜美的胸怀过上一小时""这只手，为了爱您而杀了您所爱的这只手，定会为了爱您而杀一个更真心爱您之人。那您就成了害死他们俩的帮凶"——成为"爱情"的俘虏。她同意理查把订婚戒指戴在她手上，满口答应与理查在克劳斯比宫幽会："见您如此悔过，我也十分欣喜。"然而，安妮怎能知晓，理查早打算把她搞到手，娶她当王后，并很快弄死她。

这是多么犀利的反讽！

第二场"反讽式幽默"大戏，发生在理查与爱德华四世及所有同他作对的贵族们，尤其伊丽莎白王后一党之间。第二幕第一场，王宫，病中的爱德华四世自知来日无多，希望临死前将长期以来宫廷内斗的干戈化为和平之玉帛。他将弟弟理查召进

① 在《亨利六世》下篇，理查先与大哥爱德华、二哥乔治一起，一人一剑刺死了小爱德华（此处的"她丈夫"），又在伦敦塔里杀了亨利六世（此处的"她公公"）。

宫,托付后事。在此,理查这位"反英雄"居然把自己描画得那么纯良,说自己"与每一个活在世上的英国人的分歧""比昨夜新生的婴儿"还少。随后,第二场,爱德华国王死后,理查,这个婴儿般纯良的格罗斯特公爵,一面向众人表示"我希望国王已使我们所有人言归于好,这个约定是牢靠的,我忠实信守",一面与白金汉公爵合伙密谋,迅速将王后的亲族逮捕、问斩,并很快将两位"塔中王子"软禁、谋害。

这是多么致命的反讽!

第三场"反讽式幽默"大戏,也是全剧的高潮戏,发生在理查和他的左膀右臂白金汉之间。如果说沃里克伯爵是《亨利六世》中的"造王者",《理查三世》里的"造王者"当属白金汉公爵。单从剧情来看,若没有白金汉鞍前马后拼死效忠,理查难以登上王座。在理查最终下令处死谋反的白金汉之前,理查杀掉所有对手,几乎都有白金汉的一份功劳:他是理查逮捕、铲除伊丽莎白王后亲族的帮凶;是把小约克公爵从避难的威斯敏斯特教堂圣所关进伦敦塔的同伙;是他,命凯茨比前去试探海斯汀勋爵是否愿意效忠理查;是他,支持理查将心怀二心的海斯汀砍头;更是他,与理查合演双簧大戏,帮理查夺取王冠。难怪最后在博斯沃思决战前夜,他的幽灵向理查发出这样的诅咒:"我,头一个帮你夺取王权,最后一个遭受你的残暴。"

莎士比亚为整个剧情设定的宿命走向是,让白金汉辅佐理查一起升到顶点,然后,他先跌落,继而理查覆灭。这也是全剧最精彩之处。换言之，白金汉在成为冤魂幽灵之时，方醒悟从他出手帮理查的那一刻起，便开始为自己掘墓。在此，观众（读者）可以假扮一下白金汉的幽灵，替他回顾一下如何精心自掘坟墓。

第一幕第三场，玛格丽特曾力劝白金汉当心理查："啊，白金汉，当心那边的那条狗。每当他讨好你，他就咬你；一旦咬了你，他的毒牙会叫你伤口溃烂死于非命。别跟他来往，提防他。罪恶、死亡和地狱，都把印记烙在了他身上，它们的一切爪牙都听他差遣。"白金汉把这当耳旁风，玛格丽特干脆挑明："我好言相劝，你竟取笑我？我警告你远离那魔鬼，你反倒去巴结？啊！记住迟早有一天，当他用悲痛劈裂你的心窝，那时你会说可怜的玛格丽特是一个女先知！——你们每一个活人都是他憎恨的对象，他也是你们恨的对象，你们所有人都是上帝恨的对象！"

果然，理查在按照"女先知"的预言来行事。第二幕第二场最后，他"讨好"白金汉，把白金汉视为"另一个自己，替我拿主意的智囊高参，我的神谕，我的先知！——我亲爱的老兄，我，要像个孩子似的，由你引导前行"。第三幕第一场结尾，他更加"讨好"白金汉，郑重承诺："我一当上国王，你就向我求要赫里福德伯爵领地的所有权，以及我国王哥哥拥有的全部动产。"

正因为理查如此"讨好"，白金汉才会在第三幕第七场，不遗余力当理查的配角。他按照理查指示，跟着伦敦市长来到市政厅，向市民们宣讲爱德华四世的斑斑劣迹，为理查振臂高呼："我向他们提议，凡钟爱国家利益之人，高呼'上帝保佑理查，英格兰的国王'。"可是，出乎他和理查意料，这番卖力表演收效不大，市民们"一言不发，一个个活像哑巴塑像，或喘气儿的石头，相互对视，面色死一般苍白"。

这是多么绝妙的反讽！

于是，白金汉煞费苦心给理查支招，教他如何"变色"："手里一定拿本祈祷书，站在两位牧师中间，我高贵的大人，因为我要以这个低调为基础，唱一首高调的圣歌。切莫轻易答应我们的要求。要饰演少女的角色，——不停说'不'，实则接受。"然后，理查假意"变形"，去扮演一位虔敬的信徒。白金汉则趁机向伦敦市长和市民们高唱"圣歌"："这位王子跟爱德华不一样！他没懒洋洋地躺在一张淫荡的情爱床上，而在跪着冥思；没跟一对妓女调情，而在与两位博学的教士一起默默诵经；没有呼呼大睡，给慵懒的身子养膘儿，而在祈祷，充实警醒的灵魂。如果这位贤德的亲王，肯接受神的恩典，成为君王，那将是英格兰的幸运，但可以肯定，恐怕我们无法说服他。"

伦敦市长终于表态："以圣母马利亚起誓，愿上帝不准公爵拒绝我们！"恰在此时，理查和白金汉精心创意的理查的神圣"自画"出现在高台之上，连伦敦市长见了都不由慨叹："看，公爵和两位牧师站在那儿。"剩下的便是顺水推舟，白金汉再次拿演说当表演："对一位基督徒亲王，那是两根美德的支柱，使他免于堕入空虚。看，他手里拿着一本祈祷书，——这是辨认一个圣人的真正装饰，——显赫的普朗塔热内，最仁慈的王子，请借仁慈的耳朵听我们请求,宽恕我们打扰了您的祈祷和真正基督徒的虔诚。"然后,他佯装局外人,向这位"基督徒亲王"吁求:"我联合市民们,还有十分尊崇、敬爱您的朋友,并在他们热心鼓动下,以这一正当理由,前来劝说阁下。"经过一番设计好的"不停说'不',实则接受"的假意推托,理查和白金汉合演的双簧大戏圆满成功,白金汉当众宣布:"那我就以这王家尊号向您致敬,英格兰当之无愧的国王,理查王万岁!"

这是对一位"反英雄"多么刻毒的反讽!

格罗斯特公爵加冕"变色""变形"为理查三世,既是理查王与白金汉公爵共命运的巅峰时刻,也是他们最终同命运的拐点。白金汉因不肯替理查杀掉两位"塔中王子",瞬间失宠。理查王将此前"讨好"白金汉时许下的承诺抛到云外。白金汉为求保命,逃离王宫。他试图与里士满合兵一处推翻理查,却兵败被俘。第五幕第一场,索尔斯伯里一处空地,白金汉即将受刑斩首。到了这一刻,理查王连他"说句话"都不肯听。可怜白金汉临死之际,才领悟到玛格丽特这位"女先知"的神力,原来理查对他的每一次"讨好",都是一次恶狗的撕咬,"一旦咬了你,他的毒牙会叫你伤口溃烂死于非命"。

于是,白金汉向那些因他而"受害遭难的人"发出良心的忏悔和痛楚的自嘲:"海斯汀、爱德华的孩子们、格雷和里弗斯、神圣的国王亨利,还有你俊美的儿子爱德华、沃恩,及一切在隐秘、堕落、邪恶的不公之下受害遭难的人,——倘若你们恼怒不满的灵魂能透过云层见到此情此景,哪怕为了复仇,嘲笑我的毁灭吧!"

从剧情一目了然,白金汉之死,为理查王敲响了丧钟。很快,第五幕第三场,莎士比亚便让自嘲毁灭的白金汉的冤魂,在博斯沃思决战前夜,加入到"幽灵们"的行列,并最后一个浮现在理查的噩梦里,用诅咒预先"嘲笑"理查的"毁灭":"在战斗中想一想白金汉,愿你在罪行的惊恐中死去! 继续做梦,梦见血腥行为和死亡,/灰心,绝望,愿你在绝望中断气!"同时,白金汉的幽灵祈愿里士满"千万不要沮丧,/上帝和守护天使帮里士满打仗,/叫理查在他骄狂的最高点跌落。"

"幽灵们"瞬间消失,理查王从梦中惊醒。莎士比亚让惊魂未定的理查王预感到自己的"跌落",安排他此时做了生前最后一次"自画"表演。这不再是他曾几何时誓夺王冠的血腥宣言,而是一篇"复仇要落在理查头上"的预言:"……请怜悯我,耶稣!——等会儿! 我只是在做梦。啊,怯懦的良心,你折磨得我好苦! ……我颤抖的皮肉惊出恐惧的冷汗。……怎么? 我怕我自己? ……我是一个恶棍。可我说谎了,我不是恶棍。……我良心里长了一千条各式各样的舌头,每条舌头分别透出一个故事,每个故事都要把我当成恶棍来定罪。……好像所有遭我谋杀之人的灵魂都来到我的营帐,每个灵魂都威胁,明天的复仇要落在理查头上。"

在此,从基督教救赎灵魂这一角度可以说,理查王的灵魂在

博斯沃思战斗打响之前即离开了他的躯体。换言之,在大战来
临之前,这个"反英雄"的灵魂已被"有罪! 有罪!"的地狱呼喊打
败。第五幕第四场,尽管这个"驼背的癞蛤蟆"依然勇猛,"全靠
步行奋战",还能杀死五个假扮里士满的敌人,但终究,战死一匹
马,便等于输掉一整个王国。

　　莎士比亚以戏剧之笔,让舞台上的"驼背理查"用"邪恶"和
"罪恶"杀死了自己。

活色生香
的
女性人物

既然命中注定，真心相爱之人总要遭受挫折，那就让挫折来磨炼我们的耐心吧。

——赫米娅
莎士比亚
《仲夏夜之梦》
第一幕
第一场

《罗密欧与朱丽叶》：朱丽叶的三重"矛盾"

在心智、性格方面，朱丽叶处处表现得比罗密欧更成熟、坚韧，对待爱情也更执着、坚贞，这往往让人忽视了她不过是将满十四岁的少女。在伊丽莎白时代，纯洁无瑕的童贞对一个未婚少女最为珍贵，婚前性行为意味着生命的失去。因此，朱丽叶没有像罗密欧那样追求"狂暴"爱情的本钱，所以比起从相识一瞬到殉情一刻一直受亢奋的雄性荷尔蒙支配的罗密欧，朱丽叶始终没有在爱情的迷狂中失去理智。

莎士比亚有意将她塑造成一个文艺复兴时期的新女性，表面乖顺，对父母言听计从，内心却十分有主见。一方面，她把婚姻看得像爱情一样圣洁、神圣，并渴望获得这样的爱情、婚姻，因此，婚姻对于她是"一件我做梦也没想过的荣誉"。另一方面，当母亲问她是否愿意接受维罗纳的城市之花、英俊的帕里斯伯爵的求婚，她平静地表示："要等见面以后喜欢上了才接受。"而当她面对戴着假面具的罗密欧温情款款地求爱，怦然心动之下，平静而自然地接受了他的亲吻。十四行情诗对话的韵律，与她内心涌起的爱的涟漪达到完美的契合。

然而，春心萌动的朱丽叶清醒地意识到，女人在爱情赌博上的风险远比男人大得多,与仇家的儿子相爱更是如此。于是,莎士比亚巧妙地让朱丽叶在"阳台幽会"时,用无韵的素体诗形式向罗密欧真切地说出了那段被激情和矛盾所纠结的内心表白:"我要让你知道,若没有夜色遮挡,你就会看到我脸上羞愧的红晕,因为你偷听了我的话。我愿意恪守礼义,真不想承认我曾说过那样的话;但再会吧,礼义! 你爱我吗? 我知道你会说'是';我也会信你的话;但如果你发誓,誓言或许就是谎言:据说对于情人们违背誓言,朱庇特也只是一笑了之。啊,温柔的罗密欧,如果你是真爱我,就诚实地告诉我;如果你以为这么容易就能赢得我的芳心,那我会倔强地板起面孔,拒绝你,让你继续追求;否则,我就不会这样做。说实话,英俊的蒙塔古,我对你太痴情了,你可能会因此觉得我举止轻浮;可是相信我,先生,我将证明我远比那些善于卖弄风骚却故作矜持的人更忠诚。我必须承认,要不是你趁我不备偷听了我爱的真情表白,我应该更矜持一些;所以,原谅我吧,不要把我的主动示爱归于轻佻,因为是黑夜泄露了我深藏在心底的隐秘。"

这是一个痴迷、忠贞而又矜持地执着于爱情的少女的心声。因此,对于罗密欧是否爱她,她不需要他发誓,对于是否马上同他订立婚誓,她也不希望来得"狂暴","这样太轻率、太欠考虑,也太突然了;太像是闪电,迅疾得还等不及人们开口说它是闪电,它就消失了"。而当她发现罗密欧得不到她"忠诚的爱情誓约"便不肯离去,她依然是把婚姻作为爱情的先决条件——"如果你的爱情是纯洁的,是真诚的,是为了和我结婚。"她就会派人联系,确定时间结婚,一旦结婚,"我要把我的命运全都托付给你,把你当作主人,跟你走遍海角天涯"。

如果说莎士比亚以三种境界的"荒谬"成功塑造了罗密欧,与此相对,他又以三重境界的"矛盾"完美刻画了朱丽叶,三种"荒谬"与三重"矛盾"交融、叠加、重合,构成《罗密欧与朱丽叶》内在的审美结构。

朱丽叶的第一重"矛盾",即选择接受仇家儿子飘然而至的爱情,还是孝顺地乖乖遵循父母之命。小小的朱丽叶勇敢地毅然选择了命中注定、无法抗拒的爱情。这是罗密欧的"荒谬"与朱丽叶的"矛盾"的第一次交合,也是这对爱侣"相爱""结婚""殉情"三部曲的第一乐章,主题是:一旦相爱,至死不悔。

第二重"矛盾"出现在罗密欧与朱丽叶秘密结婚之后杀死了她的表兄提尔伯特,这使朱丽叶陷入两难的情感纠结,两个都是自己的亲人,一个是视如手足的"最亲爱的表哥",一个是以身相许的"更亲爱的丈夫"。当她明确得知是罗密欧杀死了提伯尔特并被放逐以后,第一反应是对新婚丈夫不可谓不恶毒的诅咒:"啊!花一样的面容下藏着一颗毒蛇的心!有哪一条恶龙曾住过如此优雅的洞府吗?美丽的暴君!天使般的恶魔!插着鸽子羽毛的乌鸦!狼一样残暴的羔羊!最神圣的外表遮蔽着卑鄙的实质!内心恰恰与外表相反;一个该下地狱的圣人,一个受人尊敬的恶棍!造物主啊!你怎么会做出这样的事,让一个地狱里的恶魔寄居在尘世间温馨可爱的肉体的天堂？哪一本邪恶的书会装帧得如此富丽堂皇？啊！原来就是在这座恢宏华美的宫殿里住着欺骗！"

　　但强大的爱情战胜了亲情，她马上开始懊悔、自责，"我可怜的丈夫，如果连我，已经做了你三个小时的妻子，都这样玷污你的名字，那还有谁会给你带来安慰？但是，你这恶棍，为什么要杀死我的表哥呢？——可要是反过来，我那恶棍的表哥就会杀死我的丈夫"。然而，她很快意识到，如此悲喜的交错意味着她要"把罗密欧无福消受的童贞奉献给死神！"因此，当奶妈为他们第一次出面在街上找到罗密欧，联系秘密结婚以后，再次出面，找到躲藏在劳伦斯修道室的罗密欧，又替他们穿针引线联系好当晚共度春宵，双方的"荒谬"与"矛盾"在新婚之夜得到暂时的交融。单凭这一点，奶妈的串场作用不可低估，也是奶妈这一人物形象的成功所在。第二重"矛盾"的结果是：以身相许，忠贞不渝。

　　第三重"矛盾"则是在父亲凯普莱特逼婚以后。她先是强烈反抗，不仅没有效果，而且把自己逼上绝路，因为暴怒的父亲要把她关进木笼拖到教堂与帕里斯成婚。情急之下，她去向劳伦斯修士求助。先是强大而忠贞的爱情，让她果敢地接受劳伦斯修士以昏睡假死逃避第二次婚姻的冒险计划；紧接着是回到家中，轻松愉快地向父母假意表示十分愿意嫁给帕里斯；然后，还要克服掉对药效的疑惑，对劳伦斯修士的"龌龊"猜疑，以及在墓穴醒来之后可能面临的极度恐惧,为了爱情服药、假死、入葬。

　　比起前两重相对温和的"矛盾",莎士比亚在描绘这第三重尖锐的"矛盾"时,将朱丽叶的内心世界挖掘得十分深邃、丰富,一个内心丰富、感情细腻、果敢坚毅、爱情至上的少女形象,鲜活地跃然于眼前。其实,作为艺术形象来塑造的朱丽叶,到此处已基本结束,只差最后的一个点睛之笔,即在墓穴醒来发现罗密欧尸体之后几句不多的独白。除了选择与爱侣情死,她不再有"矛盾",因此,她先是平静地嗔怪罗密欧"吝啬"地喝光了毒药,哪怕在嘴唇上多残留一些,也好让她一吻而死,然后她发现了罗密欧的短剑,毅然用它刺入前胸,让自己的胸膛去做爱人永远的"剑鞘"。这第三重"矛盾"的结果是:一吻情死,爱情永恒。尽管此处或有提斯比之于皮拉摩斯的身影,但这的确是神来之笔的艺术升华! 至此,朱丽叶坚贞少女的阴柔"矛盾"与罗密欧血性青年的阳刚"荒谬"达到阴阳交合的顶点。

　　与人物内在的"荒谬""矛盾"导致"狂暴的结局"同步,莎士比亚在艺术上还巧妙地运用了外在的"光明"与"黑暗"的意象交替来昭示爱情的新生与毁灭。当罗密欧在凯普莱特家的宴会上第一次从远处望见朱丽叶时,惊异地发现"她比燃烧的火烛更明亮",爱情的种子随即播下。此时,朱丽叶是他要追求的情人;而当他翻墙进入凯普莱特家的花园,躲在暗处遥望灯光映照下浮现在窗口的朱丽叶,他把她视为"东方的太阳","她的眼睛把一片天空照得如此明亮",她是"光明的天使"。此时,朱丽叶是他

渴望的理想爱人；最后，当他进入墓穴看到情人、爱人变成了"死
去"的新娘，他便在心底把这里当成"一座四面有窗的高塔；因为
朱丽叶在此长眠，她的美丽使这座墓穴变成一个充满光明的节
庆欢宴的大厅"。"我要永远与你相伴，绝不再离开这座漫漫长夜
里幽暗的地宫。"因此，他要让自己"这艘厌倦了在惊涛骇浪中航
行的小船，向毁灭一切的岩石冲撞吧"！当毒药让罗密欧的爱情
在黑暗中结束了一切，从假死中醒来的"东方的太阳""光明的天
使"——朱丽叶，也随之在"幽暗的地宫"里陨落、毁灭。

波西亚:"天堂"贝尔蒙特的浪漫爱情

在《威尼斯商人》中,除了夏洛克这个"悲剧"角色,最光彩照人的人物是波西亚。其实,整部戏围绕着三条主线展开:"一磅肉的故事""选匣子的故事""安东尼奥和巴萨尼奥的友谊"。三者相辅相成,相生相衬,互为表里,互为交织,缺一不可。我们不妨这样假设一下:假如没有安东尼奥和巴萨尼奥"神圣的友谊",便不会发生安东尼奥和夏洛克之间"一磅肉的故事",夏洛克是这个故事里的主角;同时,也不会发生巴萨尼奥和波西亚的"选匣子的故事",波西亚是爱情故事的主角。友谊和爱情,也都是《圣经》母题。但在这里,"神圣的友谊"成为美好爱情的基础,爱情借"上帝的仁慈"又成为友谊的救星。

如果说莎士比亚要通过安东尼奥来塑造一个理想道德的基督徒楷模,显得内劲不足,但他让波西亚具有并焕发出了文艺复兴时期最富于理想意味的女性风采。她聪颖智慧,机智敏锐,风趣幽默,善于交际。从她对待前来贝尔蒙特选匣的求婚者来看,她还很懂得人情世故。重要的是,同样作为一个虔诚的基督徒,"一切听凭上帝安排"的波西亚,比起安东尼奥似乎不食人间烟火的了无趣味,满身都弥漫着鲜活的灵气。尽管她深知按《圣

经》所说,"讥笑人"是一种"罪过",她还是禁不住对不喜欢的人
与事,既会表面敷衍搪塞得让人心里有苦说不出,更会在背后不
动声色、尖酸刻薄地"讥笑"挖苦。

　　波西亚的这一特性首先在第二幕、第三幕的"选匣子的故
事"中得到充分显露。她让尼莉莎说出求婚者的名字,然后逐一
点评:那不勒斯亲王在她眼里,"就是一头小马驹,除了他的马,
不会说别的;还特别强调亲自钉马掌,是他的看家本领。我猜他
妈妈多半跟一个铁匠偷过情"。她讽刺"一脸苦相"的帕拉丁伯
爵,恐怕要变成爱哭的哲学家;她挖苦法国贵族勒庞"画眉鸟一
叫,他马上跳舞;他会跟自己的影子比剑"。她讥笑着装古怪的
英格兰青年男爵的"行为举止来自世界各地"。她的刀子嘴绝不
轻易放过求婚者。

　　然而,在那个时代,像波西亚这样卓越的女性,心里渴望
"躁动的青春就像一只野兔,它会跳过跛脚老人用良好格言编
织的罗网"。但"一个活生生的女儿的意愿",却要被父亲的一
纸遗书限制住对婚姻的自由选择。因此,"选匣"定终身,成为
喜剧戏份儿里唯一令人紧张的地方,观众和波西亚一样,担心
选错匣子嫁错郎。不过,熟知莎士比亚喜剧写法的观众和读
者,大可不必为此担心。正如巴萨尼奥在开始选匣以前,波西
亚对他说:"我的画像锁在其中一个匣子里;假如您真心爱我,
就一定能把我找出来。"

　　匣分金、银、铅,三次选匣也是按其成色顺序进行。三个匣

子上各有一句题词,先由第一个前来选匣的摩洛哥亲王,一下说出:"第一个是金匣子,上面的题词是:'选我者,得众人之所得。'第二个是银匣子,上面的允诺是:'选我者,尽得其所应得。'第三个铅匣子,上面的警告也像铅的颜色一样生硬:'选我者,须倾其所有做赌注。'"

"选匣"这一古老的喜剧性手法堪称剧情的支点。莎士比亚要表现的是,"选匣"代表着三个选匣者三种截然不同的身份、地位、人生观、价值观、爱情观,同时也不无讽刺地反向象征着由于他们望文生义,本来就该或只配得到那样的命运。比如,摩洛哥亲王自认为有"一颗金子般的心灵,决不能在徒有其表的垃圾废物面前屈尊受辱;我不会拿任何东西为铅冒险"。他又自觉身价远比银子值钱,便选择了金匣,结果打开一看,得到的却是在眼窝里藏着一张纸卷的骷髅,上面是一首诗,开头几句警言赫然写的是:"闪光的不一定都是黄金,/要时常把此言牢记在心。/多少凡夫俗子不惜生命,/只为看到我外表的光鲜。/镀金的坟墓里爬满蛀虫。"

阿拉贡亲王刚开始选匣,一上来就先将"低贱粗劣的铅匣"排除在外,而只在金、银之间权衡得失。他认定"徒有银色装饰"的银匣,是其"所应得",打开后,却得来一幅傻瓜的画像和一张字卷,上面写着:"有的人终身只与幻象亲吻,/那便只能得到幻象的祝福。/的确,/世人果然真有傻瓜,/像这银匣,徒有银色装饰。/无论你娶谁为妻带上卧床,/你也一辈子都是傻瓜脑壳。"

通过不无调侃、又灵巧睿智地描绘选匣,天才的莎士比亚让求婚者的言辞及每个匣子里所藏警示性的格言诗篇,都具有深邃、丰富的意蕴。比如,选匣前的阿拉贡亲王嘴里念念有词:"但愿那些个荣耀的地位,高贵的等级,显赫的官阶,都不是靠营私舞弊的欺骗得来;但愿那些得到清白荣誉的人,都是应得之人!"这何尝不是莎士比亚通过阿拉贡亲王之口,在表达对时政、时弊、世人、世事的讥笑呢?

选匣过程中的紧张,发生在巴萨尼奥选匣的那一瞬间。莎士比亚先是通过波西亚的独白,将一个"腼腆少女"动情的内心揭示出来,以便让随情而发生的一切自然而合理。比如,她绝不会用乐声和歌手去引导摩洛哥亲王、阿拉贡亲王选匣,可她唯恐巴萨尼奥一旦失手,自己将抱憾终身。"你在那里奋战,我在这里观望;/内心的惊恐却要超过你万分"这两句就将波西亚一颗躁动的青春少女之心,惟妙惟肖地刻画出来。

在歌声的引导下,巴萨尼奥深切领悟到:"但凡事物都可能表里不一,因而世人总被事物的表面装饰所欺骗。在法律上,有什么贪污腐败的案情,不能经过一番纯熟老到、动听煽情的言辞,将罪恶遮掩?而在宗教上,又有什么本该下地狱的罪过,不能得到某些一脸严肃的牧师的祝福、支持,并从《圣经》中引经据典,用华丽的装饰把丑行隐藏? ……换言之,装饰就是虚假的真实,这个狡诈的时代,专门用它来骗聪明人。正因为此,你这炫目耀眼的黄金,麦达斯的坚硬食物,我偏不要你;银子,你这苍白的，人皆用之、流通世间的贱奴，我也不要你；可是你，这朴实无华的铅，毫不起眼，并令人心生退缩，而你的质朴却比雄辩的口才更能打动我，我就选了你吧。"

或许莎士比亚故意要在此处留出一个悬念：假如没有导向性的歌词，在波西亚眼里气质高贵的巴萨尼奥，会自甘选择"朴实无华""毫不起眼"的铅匣吗？当然，这很好解释，看似必须遵循父亲遗嘱、无权自由选择婚姻的波西亚，完全可以凭智慧找到属于自己的幸福。

当选择铅匣的巴萨尼奥打开匣子，如愿得到了波西亚美若天仙的画像，一张纸卷上写着："你若对结果称心如意，/那就接受命运的祝福，/回转身，向你的情人，/以爱的一吻缔结婚约。"然后，波西亚向巴萨尼奥表示以身相许，把自己以及自己所拥有的一切都献给丈夫，并赠送一枚戒指，让巴萨尼奥发誓："要是哪一天您让它离身、丢失，或转送别人，那便预示着您爱情的终结，而我必将因此对您严加谴责。"

莎士比亚在此，为发生在第四幕庭审之后，救了安东尼奥一命的"波西亚法官"向巴萨尼奥索要戒指做纪念，以及由此而引发的第五幕中的"戒指事件"，巧妙地设下了伏笔。当巴萨尼奥选中匣子，波西亚表示愿以身相许时，莎士比亚故意卖关子，让她过分自谦地表白："我是一个没有读过书的女子，既缺乏教养，又毫无经验。幸亏她还不算老，可以学习上进；更幸运的是，她没有笨到难以施教；而最最幸运的，是她愿把那颗温柔的心奉献给您,由您来引导;您就是她的主人、她的总督、她的君王。"因此,当安东尼奥在法庭上见到那个"博学多才的法官"时,无论如何都不会把"他"同新娶的这位"没有读过书""既缺乏教养,又毫无经验"的新娘联系起来。

莎士比亚的艺术构思真是灵妙:当波西亚打算女扮男装,准备离开贝尔蒙特前往威尼斯,去救助身陷绝境的安东尼奥时,她说的那一段独白,可视为故意要制造一起"戒指事件"的导火索。这时,波西亚已深知新婚的丈夫曾是一个浪荡绅士,她对此不仅并未感到惊奇,还在庆幸自己得到一个回头浪子做丈夫的同时,准备去救助帮丈夫赢得自己的安东尼奥。因此,当得救的安东尼奥向她真诚致谢时,她亦十分真诚地表示:"对于一个人,能随心所愿便是他最好的酬劳。而对于我,救了您,正是随我心愿;按我自己的算法,我已从中得到最好的酬劳。我从未想过贪图什么酬劳。"但此刻,安东尼奥尚无法领悟她的言外之意。他一直蒙在鼓里,直到第五幕结尾处,才从贝拉里奥写给波西亚的来信中,得知事实真相。

对于波西亚则不然,似乎一切都在她的意料和掌控之中。比如,她说,等穿上男装以后,"我会以一种青春期男孩儿尖嗓破声时的嗓音说话;把走路时轻盈的两个小碎步,变成男人的一大步;我会像一个爱吹牛的小伙子,聊起打架格斗来,津津乐道,还会精心编一些谎言,比如一共有多少位尊贵小姐如何爱我,全被我一口回绝,最后她们都因相思成病,抑郁而亡。——我实在无能为力呀！可我深感懊悔，尽管如此，我的初衷并非要害她们丢了命。诸如此类不成熟的幼稚谎言，我随口就能编出二十个，谁听了，都会一口咬定，我走出校门也就一年多。这些出口成谎的无赖玩的那些拙劣把戏，我脑子里不下一千种，这回都要拿出来用"。这绝妙地说明，波西亚对男人有怎样的花花肠子，又有怎样的虚假伎俩，心知肚明，洞若观火。甚至可以这样讲，当她把戒指赠给巴萨尼奥，说完："我奉上这枚戒指，要是哪一天您让它离身、丢失，或转送别人，那便预示着您爱情的终结。"巴萨尼奥当即信誓旦旦地表示："当这枚戒指一旦离开这根手指，那便意味着生命已离我而去。"此时，她心里已经觉得，只要略施小计，让这枚戒指离开丈夫的手指并非绝无可能。因此，她才要故意一试，导演了一出离奇的"戒指事件"，令巴萨尼奥和格拉西安诺这两个大男人难堪到无地自容，同时，这可以让她和尼莉莎抓住丈夫的把柄，将主动权攥在手里，确保婚姻生活不出意外。在那样一个时代，这该是多么机智灵慧的新女性！

在此之前，杰西卡曾对情人洛伦佐说："要是巴萨尼奥阁下能踏踏实实地过日子，娶到这样的夫人，那真是天赐良缘，可谓天作之合，他在人间便享受到了天堂的快乐；假如他不能规规矩矩地过日子，便不配享有这个福气，而且，显而易见，他永远上不了天堂。"这既是在评价巴萨尼奥，希望他珍惜到手的幸福，同时更是在敲打洛伦佐一定要"踏踏实实""规规矩矩"地过日子。此处自然暗含这样一层意思，即巴萨尼奥娶波西亚之前的"日子"，应算不上踏实、规矩。这也是波西亚的担忧,在从威尼斯回贝尔蒙特的路上,她"每到一处,都要双膝跪地,祈祷新婚幸福"。无论波西亚、尼莉莎、杰西卡,剧中的三位女性都渴望得到幸福美满的婚姻生活。

莎士比亚从两个层面塑造波西亚,首先,通过庭审断案"一磅肉",让她摇身一变,成为一个身着男装、巾帼不让须眉的奇女子——"法官波西亚"。这样的法官也非来得突兀,当波西亚送别巴萨尼奥,不知接下来将演出怎么一出好戏的洛伦佐,赞美波西亚:"新婚之际便能忍受与丈夫离别,这足以证明,您对那神圣的友谊,具有一种善解人意的高贵情怀。然而,当您知道这一情怀给了谁,被您救助之人是怎样一位真正的绅士,是我的主人、您的丈夫多么要好的一位朋友,我相信,这一善举带给您的骄傲,是您平常任何普通的慷慨之举所达不到的。"若非有如此的"高贵情怀",也就不会有那个最初让夏洛克误以为是"丹尼尔再世"的"法官"。当"他"对夏洛克一字一句、掷地有声地说:"这契约清楚地写明,你可以割'一磅肉',却只字未提你可以取一滴血。""你准备割肉吧。一滴血也不能流,只能割分量精准的一磅肉,重了不行,轻了也不行;假如你割下来的肉,比精准的一磅,不管多了,还是少了,或者分量的轻重只在毛发之间,不仅如此,只要天平出现一丝一厘的偏差,你也死定了,而且还要罚没你的全部财产。"夏洛克的悲剧从这一时刻开始,剧情也由此急转直下。

　　其次,通过波西亚精心策划、自编自导的"戒指事件"得到如
其所料的圆满解决,我们发现,这位实际上等于把自己主动嫁给
巴萨尼奥的新娘,是一位对未来的婚姻生活心中有数、亦对丈夫
驾驭有术的女性。这在"戒指事件"达到高潮的时候,表现得最
为酣畅、戏谑。在这场戏中,波西亚和尼莉莎像演双簧一样,把
两个失去戒指的新婚丈夫,弄得百口莫辩、尴尬异常。当波西亚
说:"我对天发誓,见到这枚戒指之前,我绝不上你的床!"尼莉莎
马上跟一句:"不见到我的戒指,我也不上你的床。"当尼莉莎说:
"好在我心里很清楚,那个拿了戒指的书记员脸上一辈子也不长
胡子。"波西亚又马上紧跟:"我敢拿生命打赌,一定是哪个女人
把这戒指拿走了。"当波西亚貌似挑衅地说出:"要是把我独自一
人留在家里,以我此时完好的贞洁名誉起誓,我一定与那博士同
床共眠。"尼莉莎也立即响应:"我也跟他的书记员睡:因此你要
当心,务必守着我,千万别离开。"在此,莎士比亚一方面在剧情
中合情合理地刻意让两个新娘,用女人的"性语",去刺激丈夫,
另一方面是为了挑逗和激发观众的"性"情、情绪。

　　当"戒指事件"真相大白以后,男人又以调情的语调开始回
击。比如,恍然大悟的格拉西安诺难以置信地问尼莉莎说:"你
就是那个给我戴绿帽子的书记员?"尼莉莎调皮地回答:"是的,
不过那书记员永远也干不了给你戴绿帽子的事儿,除非他真能
长成一个男人。"仿佛从梦中醒来的巴萨尼奥,则温情脉脉地对
波西亚说:"亲爱的博士,今晚您跟我睡,——我不在家的时候,

您也可以跟我妻子睡。"

最后，全剧在格拉西安诺带有戏谑狂欢曲意味的诗中结束："还有两个小时就要天光大亮,/咱立刻上床,还是明晚再说？/白天来了,我也盼早降夜幕,/好跟博士的书记员鱼水交欢。/知足,这辈子再没啥可担忧,/千万别把尼莉莎的金箍看丢。"格拉西安诺担心的是,在以后的日子里,自己千万别让尼莉莎给自己戴上男人最怕的绿帽子。

"田园剧"：两个罗莎琳德，两个奥兰多

《皆大欢喜》堪称一部理想的"田园剧"，剧中的罗莎琳德是一位"生性温柔、活泼"的贵族少女，集青春、美丽、聪颖、率真于一身，温柔活泼中透着调皮，机智狡黠里露出可爱。然而，从剧情不难发现，父亲老公爵遭篡位的叔叔放逐以后，留在宫廷同堂妹西莉亚作伴的罗莎琳德，寄人篱下，只能是命运的承受者。她惦念父亲，整日"强颜欢笑"，但压抑的情绪并未泯灭她心底对爱的渴望。令她没想到的是，这爱的渴望这么快就被敢于向公爵的摔跤师查尔斯挑战的奥兰多点燃。

在此之前，罗莎琳德对奥兰多一无所知。当从朝臣勒·博嘴里得知查尔斯如何强悍："三兄弟中，老大先跟公爵的摔跤师查尔斯较量，查尔斯一跤摔倒他，摔断他三根肋骨，八成活不成了，老二、老三接着比试，也被查尔斯一一摔倒。哥仁儿全躺在那儿。"她只是为下一个冒险的挑战者，心怀一份事不关己的担忧。当她第一眼见到奥兰多，判断他不足以挑战查尔斯，也只是出于同情，与西莉亚一起好言相劝，希望他放弃比赛。但奥兰多说："我只请你们用美丽的眼睛和温情的祝福，伴随我一决高下。假如我败了，不过一个从未受过尊敬的人丢了脸；假如我死了，也

不过死了一个自己找死的人。"

这句话激起了同样处在命运低谷的罗莎琳德的好感,她由衷地祝福奥兰多:"年轻人,愿赫拉克勒斯护佑你!"愿希腊神话中的大力神护佑奥兰多,意味着爱意萌生。比赛结束后,当她得知这位一跤摔倒了查尔斯的奥兰多,是老罗兰爵士的儿子,不由得向西莉亚吐露心声:"我父亲宠爱罗兰爵士如同珍爱自己的生命;所有人都跟我父亲的想法一样。若是我早知道这年轻人是他儿子,在他这次冒险之前,我除了劝他,还会陪上眼泪。"她不再矜持,从脖子上取下项链,赠予奥兰多:"先生,为了我,戴上这个:我是个失宠于命运的人,本应多致谢意,怎奈囊中羞涩。"这句满含柔情酸楚的肺腑之言,一下子把奥兰多变成了木头人,他的"心神已消失殆尽,在这儿站着的,只是一个人形的枪靶子,一块没有生命的砧木"。

通过一场摔跤比赛,罗莎琳德与奥兰多一见倾心,彼此相爱。有意思的是,恰如与西莉亚一起乔装打扮逃离宫廷,来到阿登森林以后,化名加尼米德的罗莎琳德,与之前判若两人,进入阿登森林之前、之后的奥兰多,也似乎不是同一个人。这当然是莎士比亚的喜剧笔法。不过,在此不妨假设,如果把第一幕和弗雷德里克公爵删除,而把阿登森林作为全剧背景,那这部戏就成了一部纯甜蜜、纯欢乐的爱情喜剧,剧名可以叫《阿登森林之恋》。也由此可见,是第一幕和弗雷德里克公爵这个人物,使整部戏充满了戏剧张力,所有主要人物之间的恩怨纠葛、矛盾冲突,以及剧情的悬念、线索,全在第一幕预设完成。可以说,这部戏最终是一部"皆大欢喜"的喜剧,还是一部流血悲剧,取决于弗雷德里克公爵一人。

"易装"的罗莎琳德来到阿登森林之后,由一个美少女变成了另一个人——美少年加尼米德。罗莎琳德是个聪明女孩,她懂得"美貌比金钱更易勾起贼心"的道理,逃离宫廷时,她执意扮成一个男人,以免流亡路上再遭歹人劫色。同时,她更懂得,既已如此,便无回头之路,"不管心里藏着怎样的女人的恐惧,——外表都要显出一副神气活现、好战尚武的样子,像那些硬充好汉的懦夫,厚着脸皮干下去。"

但一身男装改变不了她的女儿心对奥兰多的痴恋,也掩不住少女怀春时欲说还休的羞涩。第三幕第二场,当西莉亚念完一首奥兰多挂在树上的情诗,故意问罗莎琳德:"你知道谁干的吗?"罗莎琳德试探着回问:"是个男人?"西莉亚一下揭破谜底:"是男人,是个脖子上戴着条颈链的男人——你以前戴过那颈链。你脸红了吗?"双颊羞红的罗莎琳德应已猜出是谁,却还明知故问:"请你告诉我,是谁?"西莉亚不信,又追问:"你不知道?"罗莎琳德为了求证,只好假装:"真不知道,我万般恳求,请你马上告诉我,他是谁?"西莉亚疑惑不解:"奇怪呀! 奇怪! 最奇怪的奇怪! 怎么说都奇怪,而且还是,难以言喻的奇怪!"这段姐妹之间的对话十分精彩。话已说到这一步,罗莎琳德依然不情愿、或不敢轻易相信,说:"可怜可怜我的好奇心,别叫我脸红! 你以为,我装扮成男人,难道连天性也穿上紧身衣和短裤了吗?"西莉亚读懂了姐姐的心思,不再绕弯子,直言相告:"他就是年轻的奥兰多,一下子便把那个摔跤师的脚踝和你的心同时绊倒在地的人。"西莉亚觉得还不够,又"以信仰起誓",保证这个写下那么多赞美罗莎琳德的情诗并挂满树林的男人就是奥兰多。终于得到确认,罗莎琳德兴奋不已,情不自禁地向刚见过奥兰多不久的西莉亚,发出一连串惊呼和疑问:"哎哟哟,我这一身紧衣短裤的该怎么办?你看见他的时候,他在干嘛?他说了什么?他神色如何?他什么打扮?他来这儿做什么?他问起我了吗?他住哪儿?他跟你怎么分开的?你什么时候再见他?用一个字回答我。"

是对心上人的痴迷使她晕了头吗?难道她不清楚西莉亚怎么可能"用一个字回答"?非也,她分明在自说自话。这是痴心少女的真情流露。说了一大堆话,罗莎琳德坦白:"你不知道我是个女人吗?想到哪儿,非得说出来。"但同时,她更知道,自己现在是一个"易装"成男人的女人。骨子里的调皮狡黠使她心生一计,她"要像个鲁莽的仆人一样"去和奥兰多说话,"穿这身衣服,正好逗弄他。"

何以如此?她能确定自己真心爱奥兰多,却对奥兰多是否真心爱自己,无法知晓、难以确定。因此,莎士比亚这样设置剧情,也是为罗莎琳德在稍后不久逼迫奥兰多向她求爱,营造喜剧效果。

不是吗？一个罗莎琳德两种性别身份的不时转换，多么有趣，喜剧效果又多么有力！罗莎琳德只有与阿莲娜（西莉亚）和试金石在一起的时候，才不掩饰女性身份；面对其他任何人，包括见到父亲老公爵，她都以男儿身的加尼米德面貌出现。换言之，除了知道"易装"实情的西莉亚和试金石，罗莎琳德单凭"这一身紧衣、短裤"的乔装打扮，骗过了所有人的眼睛。若有人疑问这怎么可能，只能回答这是戏剧！

加尼米德骗苦了奥兰多。在摔跤场上，他能以柔克刚，轻松摔倒浑身蛮力的查尔斯，但在恋爱的情场上，他却摔倒了自己。到阿登森林以后，直到他杀死那头饥饿的伺机撕咬奥利弗的母狮，他完全变成了另外一个人。

是对罗莎琳德的痴恋改变了他，他傻得多么正常，他为心爱之人写下不计其数的情诗，挂在林间的每一棵树上："挂在这里，我的诗篇，证明我的爱；你，三重王冠的黑夜女王，请俯瞰，用你贞洁的眼睛，从你苍茫的圆穹，看支配我整个生命的女猎伴的名字。啊，罗莎琳德，这树林是我的书卷，我要在一片片树皮上刻下缕缕情思，这样，到这片森林里来的每一个人，随处都能亲眼见到对你美德的颂扬。跑吧，跑吧，奥兰多：在每棵树上，刻下她娇美贞洁不可言说的模样。"

又因为如此痴恋，深陷情网，当面对加尼米德，他便没有能力分辨，这个"他"，就是他钟情所爱的那个罗莎琳德。他把嘲笑挖苦他一片痴心的"他"，真当成了加尼米德。不仅如此，他竟然傻到向"他"求医问药,以为"他"确有本事治愈自己的相思病。
加尼米德向他谎称曾有过治愈相思病患的先例,药方很简单,只
要患者"他先把我想成他的爱人,他的情妇;然后我给他任务,叫
他每天向我求爱"。奥兰多先不失常态地表示"这病我不想治
了"。但紧接着,加尼米德马上保证:"我能治好你,只要你叫我
罗莎琳德,每天来我的小屋向我求爱。"奥兰多随即失去常态,首
肯接受:"以我的真爱起誓,我愿意。"

可是,答应每天前往森林里的"小屋"向加尼米德"求爱"的
奥兰多,第一次赴约便迟到了一个小时。身为罗莎琳德的加尼
米德,懂得恋人中的女人该如何骄傲。"他"无法容忍菲比对西尔
维厄斯那种侮辱性的骄傲,在"他"眼里,这不是爱;但"他"对奥
兰多却摆出另一种充满爱意的骄傲:"你若再慢吞吞的,别再让
我看见你;我情愿让一只蜗牛向我求爱。"然后,"他"逗弄奥兰多
一定要把自己当成罗莎琳德,趁"他"现在心情好,赶紧开口求
婚。而奥兰多实在难以把这个加尼米德真当成罗莎琳德,他心
里清楚面前的加尼米德,仅仅是帮他治愈相思病的罗莎琳德的
替身。

在加尼米德的爱情攻势下,奥兰多不得不说出潜台词:"我
喜欢把你当成罗莎琳德,这样我就可以谈论她了。"一听这话,加
尼米德佯装不满,赌气说:"我代表她说,——我不愿接受你。"不
想奥兰多居然情动于衷地当即表示:"那我代表我自己说,我去
死。"这句话的确道出了奥兰多的心声:假如那个真的罗莎琳德

不愿接受我,那我就去死!

　　不用再试探、考验奥兰多的真心! 他就是自己的理想丈夫! 加尼米德计上心来,干脆像玩过家家似的把自己嫁给他。于是,"他"向阿莲娜(西莉亚)提议:"来,妹妹,你扮牧师,为我们主婚。"并要奥兰多把手给我。奥兰多只当假戏假做,表示同意。西莉亚不会说约定俗成的那些主婚的套话,加尼米德耐心教她:"开始你得说,'奥兰多,你愿意——'"西莉亚冰雪聪明,既明白了该怎么说,更懂得姐姐的心思,便问奥兰多:"你愿意娶这个罗莎琳德为妻吗?"奥兰多不知眼前的这个加尼米德就是"这个罗莎琳德",但他决心把游戏玩到底,毫不犹豫地说:"我愿意。"加尼米德心急地追问:"那什么时候娶呀?"此时,奥兰多已让自己入戏,答复:"现在啊! 她一旦完婚,就算娶你了。"加尼米德再追一句:"那你必须说,'罗莎琳德,我娶你为妻'。"奥兰多只好把眼前这个喜欢玩游戏的多情少年想成罗莎琳德,不无动情地说:"罗莎琳德,我娶你为妻。"奥兰多自然想不到,这出结婚游戏对加尼米德来说从一开始就是真戏真做。因此,跟奥兰多假装入戏不一样,加尼米德就是戏中真人,而且,"他"顾不得先问奥兰多"凭什么法律权威"娶"他",也等不及扮演牧师的西莉亚发问,直接"爽快"地应允:"奥兰多,我愿意你做我丈夫。"说完这话,加尼米德由衷慨叹:"真是,一个女人的思想总比行动跑得快。"

　　为去陪老公爵吃饭,奥兰多要暂时离开两个小时。加尼米德要奥兰多保证不再失约,否则留心责骂,这回奥兰多很乖巧,承诺"我一定守约,像你真是我的罗莎琳德一样"。结果,奥兰多再次失约。奥利弗拿着一块沾血的手绢来送信儿。原来,奥兰多为救奥利弗的命,在与一头饥饿的母狮子搏斗中受伤,因流血过多晕了过去。话音未落,加尼米德晕倒了。这个时候,"他"已把自己视为奥兰多的新娘。但醒来后,一想还不是暴露真实身份的时候,又赶紧说只是假装晕倒。奥利弗不知底里,信以为真,嘲笑"他""没有男人气"。

所有这些描写,都充满了由加尼米德的性别身份带来的喜剧的欢快。莎士比亚的用意十分明显,他要通过塑造加尼米德这位"硬充好汉的懦夫",来表现一位意识觉醒、个性独立的新女性。在阿登森林,这位"硬充好汉"的新女性,不仅成为自己命运的主人,还以超卓的女性智慧,主导着发生在森林里的剧情走向。最终,罗莎琳德以女儿身重新登场,与老公爵父女相认,因加尼米德的性别身份带来的所有误会烟消云散,在婚姻之神海门的主持下,四对新人喜结良缘,阿登森林沉浸在皆大欢喜的婚庆之中:"婚姻是尊贵天后朱诺的王冠,啊,同食同寝受祝福的契约! 海门使人们把大小各城住满,所以严肃的婚姻是人的荣耀。荣耀,荣耀,还有嘉誉美名,献给海门,每一座城的天神!"

欢乐中,似乎所有人都忘了,在森林之外的现实世界,还有一个野心家弗雷德里克公爵。虽说他最后的突然遁世出乎意料,但毕竟他亲率征剿大军,使阿登森林面临险境。这不妨视为莎士比亚借喜剧形式有意敲响的警钟,他的警告是:尘间没有绝对隔世的"桃花源"。换言之,罗莎琳德可以主宰个人,甚至可以巧施妙计对别人的情感生活加以引导,促成美好姻缘,但对于阴险狡诈的宫廷政治,她无法预知,也无能为力。是啊,人性恶,俗世浊,人只有在田园诗般的"绿色世界"才能主宰自己的命运,人性恶也只有在这里才能得到净化。森林让所有人的人性归于自然状态,所有人都在森林中得到重新认清自我的机会。这是莎士比亚的田园梦。

纵观全剧,罗莎琳德形象之闪耀光彩,作为配角的西莉亚功不可没。机灵的西莉亚自始至终作为罗莎琳德形影不离的陪衬,并不时伺机插话打趣,牵引出两人之间一次又一次机智风趣、极富戏剧性的对话,一方面凸显自己活泼率真的个性,另一方面把罗莎琳德映衬得更加丰满、可爱。

第一幕第二场,姐妹俩嘲笑命运女神总是对女人赏赐不公,从中既可见出西莉亚调皮中透出的睿智一点儿都不比姐姐逊色,同时也能真切感到西莉亚像姐姐一样,具有追求男女平等的独立意识和女性自觉。话头儿由罗莎琳德要想方设法寻开心引起,她问西莉亚:"你觉得拿恋爱当消遣怎么样?"西莉亚以圣母马利亚起誓警告说:"我请你只拿它当消遣,别真爱上哪个男人;消遣也要适可而止,顶多弄个面红耳赤,可别到时丢了名誉,又难以自拔。"这一方面反映出在道德伦理层面,当时的女性还把贞洁名誉看得很重;另一方面表现了女人在欲望层面的真实情形,即一旦拿恋爱当消遣,万一"真爱上哪个男人",极有可能"丢了名誉,又难以自拔"。这也是姐妹俩要极力避免的。因此,罗莎琳德与奥兰多、西莉亚与奥利弗,这对姐妹与这对兄弟真心相爱后,便迅速结婚,而不是拿恋爱当消遣。

第一幕第三场,姐妹俩在公爵宫中的一间屋里聊天,西莉亚看出姐姐在思念奥兰多,一言不发,故意打趣说:"喂,罗莎琳德!仁慈的丘比特!一句话也不说吗?"罗莎琳德明知妹妹在调侃自己,打算敲打一下她的好奇心,没好气地回了一句:"没一句话扔给狗"。西莉亚灵机一动,接过话茬儿:"不,你的话太珍贵,怎能丢给贱狗(贱狗在此转义指卑鄙之人);扔几句给我,来,把你不说话的理由扔我腿上,把它弄瘸。"这一句俏皮的幽默话,弄得罗莎琳德哭笑不得,开玩笑说:"那咱姐俩儿就都残废了,一个被不说话的理由弄瘸了腿,一个因毫无理由发了疯。"如此,罗莎琳德等于拐弯抹角地承认,自己因一场"毫无理由"的恋爱"发了疯"。

为什么女人会有贞洁名誉的问题呢?于是,西莉亚提议:"让我们坐下来,嘲笑命运女神那个纺纱的贱妇,叫她离开转轮,这样一来,从此以后,她的赏赐或许就公平了。"罗莎琳德附和说:"真希望我们能这样做,因为她老是胡乱赏赐,错得离谱。这个慷慨施予的瞎眼婆,她把最错的馈赠赏给了女人。"西莉亚表示赞同:"千真万确,被她给了美貌的女人,她几乎不叫她们贞洁;被她给了贞洁的女人,她又叫她们生得十分丑陋。"这时,罗莎琳德马上责怪西莉亚："这下你把命运女神的职能,扯到造物者头上了,命运女神只能主宰人世间的馈赠,对造物者赋予人什么相貌却管不了。"

姐妹俩以其貌似文字游戏的"所言",体现出莎士比亚对女性的尊重及其人文主义女性观,他希望像罗莎琳德和西莉亚这样聪慧、美丽的女性,在守住贞洁名誉的同时,把握好自身命运。

薇奥拉:一个理想化的人文主义完美女性

1930年赢得英国"桂冠诗人"称号的诗人、小说家、剧作家约翰·梅斯菲尔德认为,《第十二夜》,"不仅是莎士比亚所有喜剧中最欢乐、最愉快的一部,也是所有英国喜剧中最优秀的一部"。

实际上,《第十二夜》是一部充满狂欢、逗趣、戏谑、搞笑等多重戏份的喜剧,同时它更是一首吟咏、讴歌圣洁、高贵的爱情与友谊的人文主义戏剧诗,散发着甜美、愉悦的抒情浪漫情调。剧中两位青春四溢、魅力四射的女主人公薇奥拉和奥利维亚,典型地体现出莎士比亚富于理想色彩的人文主义女性意识,尤其天生丽质、纯美善良、聪慧过人、活泼俏皮、幽默风趣的薇奥拉,更是一位戏剧文本或舞台之外世所罕见的完美女性。

的确,《第十二夜》是一个由人们所熟知的"误会"闹出来的喜剧故事。"误会"因一对龙凤胎兄妹在海难中失散而起。从整个剧情看,薇奥拉女扮男装成切萨里奥进入公爵府侍候公爵,既是点燃所有喜剧桥段的引信,也是全剧的立足点。若非如此,一切无从谈起。

公爵喜欢切萨里奥不在话下。第一幕第四场,"认识才不过三天",公爵便十分宠信这个新来的侍童,马上派"他"去奥利维亚家,"向她挑明我对她爱得发狂,用我的一片真心俘获她的心。你能恰如其分地演出我内心的忧伤。"公爵何以如此信任"他"呢?跟他单相思奥利维亚密切相关。

第一幕第一场,以公爵试图借音乐排解郁闷的心情揭幕,音乐响起,"掠过我的耳畔,仿佛甜蜜的微风吹过一丛紫罗兰,把那花香偷来,又送去"。公爵听不下去了,马上叫停,黯然神伤地慨叹,"爱情是如此虚幻:在所有感情里,它是最能迷惑人的"。公爵的相思病又从何而来?公爵并未隐瞒,他对侍臣库里奥坦诚相告:"啊!从我第一眼见到奥利维亚,感觉连空气中的毒素都净化了。"当仆人瓦伦丁给公爵带回奥利维亚断然回绝的消息:"只要不曾度过七个酷暑,就算天空,也休想一睹她的容颜;她要像修女一样,出行蒙纱遮面,每天用酸楚的泪水浇洒闺房。这一切,都是为了珍藏亡兄对她的爱,她要把亡兄对她的爱,在悲伤的记忆中常忆常新。"这不仅没让公爵退缩半步,反而更激起他爱的烈焰。公爵再次陷入"虚幻"妄想:心中女神对亡兄的情谊尚如此深厚,一旦被丘比特的金箭射中,"她将怎样去爱啊"。

莎士比亚是抒写"罗密欧与朱丽叶式"一见倾心之爱的绝世高手,《第十二夜》依然对此不遗余力地精妙布局:公爵爱上奥利维亚,奥利维亚爱上切萨里奥(薇奥拉),薇奥拉(切萨里奥)爱上公爵,全都是第一眼,全都是单相思。三个情痴的不同仅在于,由于身份原因,薇奥拉(切萨里奥)无法直接向公爵倾吐爱慕,只能通过含蓄的暗示,在内心执着地默默爱着公爵,同时,还必须

委屈自己,或说必须暂时牺牲自己的情感,担任公爵的使者,去
向公爵所爱、却对公爵冷若冰霜的奥利维亚求婚。这可真是一
件苦差事!

公爵和奥利维亚倒都是性情炽热似火之人,一旦爱上,便茶
饭不思、坐卧不安、情欲难耐,喜欢音乐的公爵对听音乐没了兴
致,陷在对亡兄悲伤里的奥利维亚,用玛利亚的话说:"小姐自打
今天见了公爵派来的那个小伙儿以后,变得心神不宁。"

于是,一位公爵,一位伯爵小姐,有了爱情,毫不遮掩,大胆
追求。公爵一次次打发仆人前往奥利维亚家求婚,决不轻言放
弃;奥利维亚最初蒙着面纱见切萨里奥(薇奥拉),本想应付,捉
弄一番,然后赶紧把"他"打发走,结果,不仅对这位美少年萌生
爱意,还担心以后再也见不到,便不管不顾"他"只是公爵的仆
人,两人地位贵贱悬殊,"他"前脚刚走,便立刻命马伏里奥追出
门去,说是要把公爵的戒指原物奉还。可这戒指并非公爵原物,
分明是她主动示爱的情物。她以自己的聪明,料定凭公爵仆人
的机灵劲儿一定能悟出此中真意。碍于脸面,还必须把马伏里
奥蒙在鼓里。

话说,《第十二夜》的一切"误会"皆因薇奥拉而起。从公爵
的心思可以发现,他从见到切萨里奥(薇奥拉)的第一眼,心里便
盘算好了,因此,入府"才不过三天",公爵便委"他"以到奥利维
亚家出使求婚的重任:"好小伙儿,相信我。因为假如他们拿你
当一个成年男人,那就糟践了你的青春。狄安娜的嘴唇并不比

你的更柔滑、红润；你的嗓音尖细，像处女一样尖锐、爽利；怎么瞧你都像个女人。我清楚你的天性最适合办这事儿。"公爵盲目自信，单凭切萨里奥根本不是"一个成年男人"，就能打动奥利维亚。而这一点很快在马伏里奥嘴里得到印证，他向奥利维亚通禀时说，门口这位死说活说非要见小姐面谈的公爵仆人，年龄"半大不小"，"相貌英俊，嗓门儿很尖，看那样子，大概刚断奶不久。"在此，一个在奥利维亚家门口耍脾气的切萨里奥，骨子里却是那个蕙心兰质、性情活泼、迷人可爱的薇奥拉。

就是这个公爵怎么瞧"都像个女人"的切萨里奥，一下子把奥利维亚迷住了！当奥利维亚见到这位马伏里奥眼里粗鲁无礼的切萨里奥（薇奥拉），在几句客套寒暄、话里有话的言语交锋过后，她先吩咐左右退下，随即便将回绝公爵的话——自己要像修女一样出行脸遮面纱，七年不见任何男人的誓言——抛到九霄，答应"可以揭下面纱，让你一睹真容"。

接下来，莎士比亚为"他"（切萨里奥）和她（奥利维亚）这两位同样风姿绰约、冰雪聪明的女性，抒写出《第十二夜》里最诗情画意的一段对白。情动于衷的美少女伯爵小姐对"他"一见钟情，瞬间坠入情网，她开始有意把两人之间的一问一答，变成情的交流。可她怎么也不会明白，"他"向她所表达的公爵的爱，恰是"他"对公爵潜藏心底的爱。"他"借委婉指责她是"这世上最残忍的女人"，心下在嗔怪公爵简直是世上最狠心的男人；"他"形容公爵对她"爱得发狂，整日与痛苦相伴，生不如死"，实际在叙说自己对公爵爱得发狂;最后一段,"他"干脆在奥利维亚的有意诱导下,把公爵幻化成"奥利维亚",编织设定出一个情境,表示自己会"在您门前用柳枝造一间小屋","为遭弃的爱写忠诚的情歌",并在死寂的深夜向所爱之人唱歌,让"奥利维亚"的名字在山岗回响不绝。

这一切围绕三个核心点:

第一,这是何等样的公爵! 莎士比亚分明在借奥利维亚之口,表达自己对开明君主制的人文主义寄望。换言之,伊利里亚公爵奥西诺,是莎士比亚理想中统治者应该成为的样子:品行正直、高贵,风华正茂,纯洁无瑕;口碑好,名望高;慷慨、博学、勇敢;最好还能天生一副好身材,相貌俊朗、仪表堂堂。

第二,这是何等样的奥利维亚! 对于心高气傲的薇奥拉,公爵是她理想丈夫的不二人选,可如此一个外在条件几乎完美无缺的公爵,奥利维亚却斩钉截铁地表示"我还是不能爱他"。丘比特金箭射中她,是叫她不爱主人爱仆人,转瞬间,她把眼前这个美少年幻化成自己的理想丈夫,情不自禁地问起"他"的出身。显而易见,一方面,莎士比亚把奥利维亚塑造成文艺复兴时期已具有独立自强意识的女性,体现出摒弃身份、地位,大胆追求爱情的人文主义情爱观。另一方面,也折射出在伊丽莎白时代,身份地位相差悬殊的两个相爱之人要赢得真爱,实在不是件容易事。拿奥利维亚来说,当她对"他"动了心,便开始仔细揣摩"他"关于自己出身所说的那句回答:"比我现在好,不过我的地位也不坏。我是一个绅士。"

显而易见,尽管托比有言在先,说明奥利维亚的婚恋观,"哪儿的公爵她都看不上。我听她发过誓,凡身份、地位、年龄、脑子在她之上的人,她都不会嫁"。可一旦真面对等级门第低下的公爵仆人,她立刻矛盾纠结起来。随后才是爱的狂喜:"我敢发誓你是的;你的谈吐,你的面容,你的四肢、举止、气质,分明一下子给了你五种绅士的家徽:——别这样性急;——等一下,静一下!——除非把那主人换成这个仆人。——怎么!难道一个人这样快就染上了瘟疫(笔注:奥利维亚故意用瘟疫指爱情)?我觉得这个少年特有的美质,已在无形之中,悄然隐秘地爬进了我的眼睛。"她从"他"的举手、投足、气质、谈吐判断,"他"肯定出身贵族。即便最后,当她终于弄清楚,在教堂同她一起发过婚誓的人,不是她爱的那个"他"——切萨里奥(薇奥拉),而是"他"的孪生哥哥塞巴斯蒂安,她也只是小有惊慌,随着塞巴斯蒂安"以我的生命起誓,您也没受骗,——您是跟一位处女和一个未婚男人都订了婚",以及公爵的慰藉:"不必惊慌;他出身很高贵。"这惊慌马上烟消云散。

最终,"误会"消除,有三对新人"各遂所愿":薇奥拉与公爵;奥利维亚与塞巴斯蒂安;托比与玛利亚。对比来看,奥利维亚与塞巴斯蒂安的结合明显过于匆忙、草率。这也是莎士比亚的无奈之举,因为他在这部喜剧里最要让薇奥拉和公爵"各遂所愿",便只好让第二女主角奥利维亚在"误会"中多受一点儿委屈。谁让她那么有主见,非在街上那么急匆匆地把塞巴斯蒂安拉回家,又马上双双跟着牧师去教堂缔结婚约? 或许正因如此,在《第十二夜》的舞台演出史上,曾有演员把奥利维亚演成一个轻浮的、碎嘴唠叨的伯爵小姐。

第三,这是何等样的薇奥拉!"薇奥拉"(Violia),这个名字在意大利语中指"紫罗兰",紫罗兰花象征忠诚,被认为能净化愁思忧郁。

由此联想一下公爵开场时的那句话——"它(音乐)掠过我的耳畔,仿佛甜蜜的微风吹过一丛紫罗兰,把那花香偷来,又送去!"便能倏然觉出《第十二夜》中意象呼应之精微,原来,当音乐中的"紫罗兰"已无法"净化"公爵的"愁思忧郁"时,"薇奥拉"这朵青春的"紫罗兰"已进入公爵府,来到他的身边。最后,当公爵终于弄清了一切,充满柔情地对依然一身男装的这朵"紫罗兰"说:"但等你换回自己的一身女儿装,/你就是奥西诺心爱的妻和女王。"

由此再联想一下切萨里奥(薇奥拉)替公爵向奥利维亚求婚时说的那句话——"在您门前用柳枝造一间小屋,我会来拜访这屋子里的我的灵魂。"为何要"用柳枝造一间小屋"?"杨柳"象征着单相思的爱情! 一下豁然开朗,原来,是美少年切萨里奥,在替自己——美少女薇奥拉,倾吐单相思的酸涩苦楚。明里,切萨里奥在替公爵求婚;暗里,薇奥拉在为自己说情。而这一明一暗,恰好使公爵和薇奥拉两种不同的求爱方式形成对照:公爵向奥利维亚求爱是明示,弄得整个伊利里亚无人不知,连救了薇奥拉一命的船长都晓得:"因为就在一个月前我离开这儿的时候,听到最新传闻,——您知道,大人物的一举一动,总逃不掉小人物们飞短流长。——说他向美丽的奥利维亚求爱了。"

与此相反,薇奥拉向公爵求爱,只能暗示。因而,仅以单相思之苦来衡量,薇奥拉之苦似应在公爵之上,好歹奥利维亚知道公爵追求自己,公爵却对薇奥拉爱的暗示毫无感觉。不管谁的内心愁苦更多一些,反正都是一种折磨人的单相思。不过,这单相思却让从未曾阅历过爱情的薇奥拉,在对待个人终身大事的处理上,比奥利维亚更多了几分成熟。

薇奥拉(切萨里奥)真是太善良了!"他"爱上公爵,却"愿尽全力去向您那位小姐求婚。——(旁白。)可是,这件事办起来万苦千难!/不论向谁求婚,我要做他夫人"。心地善良,肯于牺牲,聪颖过人,又个性独立、追求恋爱自由的女性,跃然而出。当"他"发现公爵对奥利维亚的爱没有一点可能性,便努力向公爵发出爱的暗示。第二幕第四场,公爵问"他"曾经爱过的"是个什么样的女人","他"竟毫不含羞地回答"相貌跟您一样","岁数跟您差不多"。可公爵听了,却一点没上心,只是说男人感情善变,一定要找比自己年龄小的女人,"因为女人像玫瑰,一经绽放,/那娇嫩的花朵,转眼即凋零。"这是第一次爱的暗示。

第二次暗示发生在第二幕第四场,公爵命"他"再去向奥利维亚求爱,明确告知,对她的名誉、地位、家产全不在乎,"是大自然赋予她的绝世之美,吸引了我的灵魂。"此时,切萨里奥(薇奥拉)明知故问:"可是大人,假如她不能爱您呢?"公爵不悦,直接表示"你的回答令我不满"。"他"不死心,继续使劲儿暗示:"比如有位姑娘,——或许,真有那么一位,——像您爱奥利维亚一样,对您也是爱得痛彻心扉;而您不能爱她,便这样答复;那她不也非接受不可吗?"可惜,对"他"女儿身一无察觉的公爵,不仅没动心,而且嗔怪道:"不要把一个女人对我所能产生的爱,同我对奥利维亚的爱混为一谈。"

这时,"他"自信满满地"明"示:"女人对男人会有怎样的爱,我再清楚不过。说实话,和我们一样,她们的爱也出自真心。"随后又直接"明"示:"我父亲有个女儿,爱上一个男人,就好像,假如我是个女人,没准也会爱上您。"蒙在鼓里的公爵问:"她什么情况?"薇奥拉诗意地答复:"她从未透露爱意,只是让隐秘的恋情,像花蕾中的一条虫,侵蚀淡红色的脸颊;她因哀伤而憔悴,忧郁害得她脸色苍白,她坐在那儿,对着忧伤微笑,好似一尊墓碑上刻着的'忍耐'雕像。这还不是真爱吗?"

同时,聪明的薇奥拉又不忘借这个话茬儿来敲打男人:"我们男人可能说得更多,誓言更多;但的确,我们对爱的炫耀比爱意更多,因为我们总是证明自己,誓言太多,真爱太少。"公爵问:"你妹妹是殉情死了吗?"薇奥拉明显答非所问地说:"我是我父亲的所有女儿,也是他的所有儿子。——但会不会殉情,我不知道。"

　　然而，这一切的一切都是枉费心思，公爵不仅未能明察秋毫，当奥利维亚告知公爵，她已跟切萨里奥（薇奥拉）订婚，公爵认准"他"是个骗子，爆出粗口："啊，你这骗人的小狐狸！等时间给你满身的狐狸毛洒下一层灰白，你将是个什么东西？"质问："或许你的欺诈如此早熟，/骗术不会害你自毁前程？"这也是公爵在全剧中唯一的一次失态。公爵要"他"立即带奥利维亚离开，"到永远再不相遇的地方"。多么决绝！直至真相大白，恍然大悟的公爵才动情地对薇奥拉说："孩子，你曾对我说过一千遍，你永远不会像爱我似的去爱一个女人。""把手给我，让我瞧瞧你穿女装的样子。"

　　"切萨里奥"与"薇奥拉"，一个女儿身，却阴差阳错，有了一男一女两个身份。莎士比亚在"他"和"她"之间，编织出的一明一暗、忽明忽暗的喜剧效果，是多么迷人！

　　莎士比亚对薇奥拉和奥利维亚各有所爱，她俩都出身高贵，既貌美如花，又睿智机敏，难得的是，她们不慕虚荣，勇于追求真心渴望的爱情。比较而言，或因受"切萨里奥"身份所限，薇奥拉更为矜持、含蓄，奥利维亚则更率真、大胆，一旦拿定主意，便绝无"矜持、含蓄"，更不忸怩作态，而是直奔主题，以身相许。这样的性格，源于她毕竟是一家之主，父兄相继去世，她要独自操持、管理一个家。总之，薇奥拉和奥利维亚都是具有完整独立人格的新女性，各具风采神韵，她俩身上的卓越女性风采至今依然闪耀着光芒。

哈姆雷特装疯与奥菲莉亚真疯

《哈姆雷特》的读者们最喜欢问这样三个问题:哈姆雷特是真疯,还是一时装疯? 他真的爱奥菲莉亚吗? 如果爱,为什么对她如此冷酷?

想要解决这三个问题,就必须回到哈姆雷特身上,哈姆雷特的问题在于他能以非凡的聪明才智事先看清楚每一个问题所具有的利弊两面。他非常了解自己,深知与生俱来的忧郁气质无法抑制愤激起来的情绪,才会事先跟好友霍拉旭等讲明要装疯。但他的疯话又时常是那么的清醒、深刻、睿智,同时又尖酸、刻薄、阴损,不仅毫不顾忌弦外之意,甚至唯恐别人听不出他的话中话、话外音。因此,他假装疯狂的古怪行为非但没能起到遮掩的作用,而且使克劳迪斯更加提防,担心"他心里一定藏着什么事,孵在忧郁的窝中,我怕它一旦破壳而出,就会带来可怕的后果"。很快决定将他"驱逐",并借英格兰国王之手杀他,以绝后患。

在奥菲莉亚的眼里,这位她深爱着的哈姆雷特殿下一定是真的疯了,否则,她自己不会疯,因为哈姆雷特的疯意味着她再也不可能与他相爱。她父亲的死,不过是导致她发疯的外因,正像哈姆雷特要让波洛涅斯和国王相信他的疯是因为跟奥菲莉亚的失恋所致一样。显然,在奥菲莉亚心里,她的父亲怎么能跟哈姆雷特相提并论,哈姆雷特是"群臣的注目焦点,学者的雄辩口才,勇士的锋刃利剑,国家的期望和花朵,时尚的镜子,礼貌的典范,万众瞻仰的偶像"。所以,当她看到他"彻底地,彻底地毁了"之后,意识到自己"是所有女性中最最伤心、不幸的那一个,曾在他音乐般的誓言中吮吸过蜜甜的芬芳,而今却亲眼看着他那最为高贵的理智,像悦耳的铃声走了调,发出刺耳的鸣响;他那像盛开的鲜花一样无与伦比的青春风采,随着疯狂而枯萎凋零"。

奥菲莉亚的确是不幸的。哈姆雷特为了让人相信他是真疯,主要方法便是对心爱的奥菲莉亚变得异常冷酷、残忍,对她说的话几乎字字句句都如刀似剑,以至于波洛涅斯丝毫不怀疑他是真疯。而单纯、善良的奥菲莉亚那柔软的内心和脆弱的理智,无法承受从这位心仪的王子、钟情的偶像、相爱的恋人嘴里说出这样冷漠无情的话。她眼见哈姆雷特"彻底地毁了",自己的神经也随之彻底崩溃。莎士比亚无疑要让"由毛茛、荨麻、雏菊和紫兰编成的花环"作为她曾经相信和经历过的爱情的象征,并让她唱着悦耳的歌谣,与花环一起随水流消失到永恒。

哈姆雷特无疑是爱奥菲莉亚的,正如他在奥菲莉亚的葬礼上跳入墓中所说:"把四万个兄弟的爱加在一起,也赶不上我对她的爱。"他会为她哭,为她打架,为她挨饿,为她撕碎衣服;他愿与奥菲莉亚一同埋葬,让他们的坟墓高耸入云。但他十分清楚,甜蜜芬芳的爱情与血腥残忍的复仇不可兼得。显然,他认为替父报仇远比与奥菲莉亚相爱重要,而爱情会成为报仇的羁绊。
对于哈姆雷特心底的这份苦衷,奥菲莉亚无从知晓。因此,奥菲
莉亚成了爱情的牺牲品。

　　"哈姆雷特问题"或许是一个生命的孤独者所面临的永恒问
题,这在今天依然如是。我很赞赏法国史学家丹纳(H.A.Taine,
1552—1594)说过的这样一段话:"可以看出他是一个耽于幻想
而不善行动的人,他沉醉在自己冥想出来的幻影里,他把想象的
世界看得过于清晰,以至于无法承担现实的使命;他是一个艺术
家,倒霉的机遇使他成为一个王子,而更坏的机遇使他成了一个
向罪恶复仇的人;他是一个上天命定的英才,而命运又注定让他
陷入疯狂和不幸。哈姆雷特就是莎士比亚,总揽他的整个人物
肖像画廊,每一幅肖像都烙印下他自己的一些特点,而他却在哈
姆雷特这幅肖像中,把自己描绘得最为突出。"

苔丝狄蒙娜:伊丽莎白时代标准的"圣经"女人

也许,在现代知识女性眼里,苔丝狄蒙娜是一个愚蠢到家的爱情傻瓜,因为她实在应验了这样一句俗语——"女人的美丽与愚蠢画等号"!

先来看苔丝狄蒙娜天仙般超凡脱俗的美貌。西奥向蒙塔诺总督赞美苔丝狄蒙娜:"品貌双绝,超凡脱俗,怎么形容都不为过;任何一位诗人清词丽句的赞誉,只要跟她自身那与生俱来的天生丽质一比,都会相形见绌"。伊阿古的话,折射出他垂涎苔丝狄蒙娜美丽肉体真实、贪婪的欲望,显而易见,他已在言语间沉浸在幻想之中。这种虚无的快慰也是驱使他向奥赛罗复仇的动力之一,他要用猜忌这服"毒药",让奥赛罗亲手将这具美丽的肉体,"勒死"在他臆想出来的"那张被她玷污了的床上"。

我们再来看苔丝狄蒙娜的品性。若论及苔丝狄蒙娜的忠贞、圣洁,也许用《奥赛罗》剧中最大的蠢蛋罗德里格的话来验证,是最合适不过的。毋庸讳言,罗德里格在剧中的价值,完全体现在自始至终被伊阿古牢牢掌控和利用,直到阴谋行刺卡西奥,反被卡西奥刺伤,后遭伊阿古杀他灭口,临死之时才醒悟:"啊,该下地狱的伊阿古! 啊,你这毫无人性的狗!"

罗德里格对苔丝狄蒙娜患有一种极端病态的单相思,"我对她如此痴情十分可耻,但我痴心难改,无力自拔"。他偏执地相信伊阿古所说的每一句谎言,以为只要一次次把钱交给伊阿古,伊阿古就有本事替他向苔丝狄蒙娜求爱,他便很快可以跟苔丝狄蒙娜亲热。他被伊阿古编织起来的这个天方夜谭般的性幻梦诱惑着,一次次受愚弄,一次次上当。

不知今天的人们是否觉得,苔丝狄蒙娜对奥赛罗痴爱到傻的程度,似乎一点儿不比罗德里格痴傻地暗恋苔丝狄蒙娜,显得更有头脑。在某种程度上甚至可以说,在《奥赛罗》一剧中,除了邪恶阴毒、罪该万死的伊阿古最后被绳之以法,死去的这三个人——苔丝狄蒙娜、奥赛罗、罗德里格——都是傻瓜。没脑子却自认聪明的傻瓜,最容易被人利用,这倒是一条颠扑不破的真理。

但无论怎样,罗德里格有一点自始至终都没犯傻,那就是他对苔丝狄蒙娜的圣洁品性深信不疑。若非如此,他也不会为随便抱得一个美人归而甘冒倾家荡产的风险。因此,当伊阿古对罗德里格谎称苔丝狄蒙娜迷上了卡西奥,并想借此来挑起罗德里格对卡西奥的醋意时,伊阿古的奸计竟罕见地失灵了!罗德里格断言:"我不相信她是这样的人;她身上体现着最为圣洁的品性。"

显而易见,单就猜忌苔丝狄蒙娜的圣洁品性而言,奥赛罗的傻还要在罗德里格之上。

问题来了,奥赛罗何以会从最初的"我敢用生命保证她的忠贞",变得由猜忌而疯狂,并最终断定妻子是一个"淫邪"的"娼妓",亲手杀死她呢?

这便又回到了前边在剖析奥赛罗这个人物时所说的《奥赛罗》悲剧的核心点——肤色。没错,从中作祟的就是奥赛罗的皮肤!可以说,是皮肤的不同决定了,奥赛罗和罗德里格是成为这样一个傻瓜,还是那样一个傻瓜。即便奥赛罗不能生得如卡西奥那般俊秀,只要他像罗德里格一样,哪怕是一个威尼斯以外白皮肤的外国人,而不是一个摩尔人,《奥赛罗》的悲剧就不会发生了。

事实非常清楚,莎士比亚的《奥赛罗》就是要拿"摩尔人"做文章,否则,莎士比亚干嘛非要把剧名定为"威尼斯的摩尔人的悲剧"呢?因此,莎士比亚把拿奥赛罗的摩尔人肤色做文章的差事,全盘交给了伊阿古,让他使出浑身解数,一定要用猜忌这把人性的利剑将这对誓死相爱的奥赛罗夫妇杀死。

说穿了,《奥赛罗》的悲剧点,就是摩尔人的肤色。尽管威尼斯共和国德高望重的元老之一、苔丝狄蒙娜的父亲勃拉班修,并不敌视奥赛罗的肤色,可以把他视为朋友,并常请到家中作客,但要认他作女婿,则决不答应。当他带人找到奥赛罗要抓捕他时,毫不留情地厉声质问:"要不是中了你的邪,像她这样一位如此温柔、漂亮、幸福的姑娘,——竟会不顾人们的蔑视、嘲笑,——拒绝了国内所有风流倜傥的富家子弟的求婚,从家里逃出来,投入你这个下流东西黑黢黢的怀抱。"当他与奥赛罗对簿公堂时,当着满朝元老,又毫不隐讳地轻蔑嘲笑:"她一个毫无血性的柔弱女子;生性如此温婉、娴静,心里哪怕有一点儿感情的萌动,就会满脸羞红;难道像她这样的一个女孩子,会撇开纯真的天性、年龄的悬殊、国族的差异、尊贵的名誉,不顾一切地跟这个看一眼都让她感到害怕的人相爱!""试想,一个身无残疾、双目灵秀、心智健全之人,——若非受到妖术蛊惑,怎么会犯下这样荒谬绝伦的大错。"因而断定,奥赛罗一定"是用了什么烈性的春药,或是念了符咒以达到催春效果的迷药,激起她的性欲,把她诱奸了"。

显然,包括奥赛罗自己在内的所有人,对他的肤色都异常敏感。因此,对绝顶聪明的奸人伊阿古来说,利用奥赛罗自己的肤色挑起他对妻子的猜忌,是最自然、简单而又毫不费力的事。所以,当他对奥赛罗说出那句貌似轻描淡写的话,——"但我不无担心的是,当她的肉欲一旦满足,只要拿您的脸跟她那些英俊潇洒的威尼斯同胞一比,也许感到后悔,进而会很自然地重新做出选择"。——奥赛罗潜意识里因摩尔人特有的黝黑肤色而带来的五味杂陈的自卑心理,就蠢蠢欲动了。倘若奥赛罗没在心底深藏着这份无法消除的自卑,他又何必强调"我有高贵的皇族血统"呢?

再者,既然他对自身这"高贵的皇族血统"那么自信,为何发觉自己爱上了苔丝狄蒙娜,却拿不出征战沙场时万夫不当的勇气,"主动"向这位威尼斯真正的贵族元老的女儿求爱,而一定要

"被动"地等来苔丝狄蒙娜向他发出明白无误的"暗示",再实施
胜券在握的进攻呢？不外乎这样两个理由：一是奥赛罗虽粗莽
愚钝,却绝非一点儿不懂得怀春少女的心,他"看准时机,想了个
巧妙的办法","引得她向我发出诚挚的恳求,让我把亲身经历的
所有传奇、历险,详详细细地给她讲述一遍"。果然,听完"这些
故事",感到"痛苦""惊奇"和"同情"的苔丝狄蒙娜,先向奥赛罗
"主动"发出了爱的强烈信号,如奥赛罗后来当众坦承的那样：
"希望上天能赐给她一个拥有这种传奇经历的男人做丈夫;她向
我道谢,对我说,假如我有一个朋友爱上了她,我只要教会这位
朋友如何讲述我的故事,就可以向她求爱。"

　　最后,深藏于奥赛罗内心,无法诉说的那种复杂、微妙的无
奈、遗憾,即高贵的血统无法改变摩尔人的肤色。然而,随着奥
赛罗由一个"被动"的求爱者变成苔丝狄蒙娜的丈夫之后,这一
深藏不露的自卑,转瞬之间遂又变成了"奥赛罗式"的绝对自信。
可惜,他的这一微妙心思,没能逃过伊阿古那一双魔鬼的眼睛。
伊阿古一眼就识破了奥赛罗的"炫耀"源于内心的不自信,他要
靠拥有某种难以企及的东西,比如将军头衔、"圣洁而忠贞"的美
丽妻子,通过获得外界的认可、羡慕、崇拜来建立自信。

　　在此,又一个问题来了,何以苔丝狄蒙娜会爱上奥赛罗,而
且非爱这个摩尔人不可？

　　其实,这个问题很好回答,苔丝狄蒙娜爱的是这个摩尔人,
而摩尔人恰恰是这样的肤色。关于他们相爱,用奥赛罗的一句

话简单来说就是："她爱我，是因为我经受了种种苦难；而我爱
她，是因为她对我的同情。"这便是他们爱情的核心实质和全部
内容。

　　实际上，苔丝狄蒙娜是被一个"过去时"的奥赛罗给迷住了，
或者说，她爱上的是那个"过去时"的奥赛罗，因为奥赛罗向苔丝
狄蒙娜讲述自己所经受的那些"传奇经历""种种苦难"，都属于
过去完成了的。爱情是奥赛罗唯一没有经历过的"苦难"。而同
样不知爱情为何物的贵族小姐苔丝狄蒙娜，理所当然地认定"奥
赛罗式"的英雄好汉，一定会是一个"心胸坦荡"的大丈夫。否
则，她也不会拒绝那么多贵族豪门的求婚。可她并不真正了解
这个"现在时"的将军丈夫，她信任的是那个"过去时"的草莽英
雄。她绝不相信奥赛罗会猜忌自己不贞，因此，当奥赛罗患上猜
忌症时，她还能那么轻描淡写地说出："好在我那尊贵的摩尔人
心胸坦荡，不像那些善于猜忌的卑鄙男人小肚鸡肠，否则，他就
会猜疑多心了。"

　　面对丈夫猜忌之下野蛮的暴怒，苔丝狄蒙娜唯有怯懦无助
地"哼唱"起《杨柳歌》，来排解、抒发内心的哀怨、无尽的忧伤、绝
望的惆怅。这是当年苔丝狄蒙娜的母亲的女仆芭芭拉临死前一
直"哼唱"的一首老歌。芭芭拉陷入爱河，可她爱的男人变了心，
把她抛弃，她唯有一死。夜晚，这首歌在预感到噩梦将临的苔丝
狄蒙娜的脑际挥之不去，她要像那可怜的芭芭拉一样，把这首
《杨柳歌》当成一曲安魂挽歌：

可怜人坐在一棵野无花果树下叹息,

不停地歌唱一棵翠绿的杨柳;

她把手抚在胸上,低首垂到膝头,

唱那棵杨柳,杨柳,杨柳。

身边清冽的溪流,呻吟着她的哀怨;

唱那棵杨柳,杨柳,杨柳;

酸楚的泪水,将坚硬的顽石软化。

唱那棵杨柳,——

……

我叫我的情人负心汉;可是他会怎么说?

唱那棵杨柳,杨柳,杨柳。

假如我另有所爱,你就去睡别的情郎。——

　　当她睁开惺忪睡眼,面对如野兽一般咆哮着斥骂她"呸,娼妓""去死吧,娼妓",并毫不留情地要杀死她的凶神恶煞的丈夫,她也唯有发出一声声孱弱无力的表白和不断的祈求:"我感到了恐惧""罪恶就是我对您的爱""希望您不是对我起了杀心""我现在还不能死""那愿上帝怜悯我吧""也愿您得到怜悯""我的主人,遗弃我吧,但不要杀我""让我再做一次祷告"。然而,此时这个已被猜忌夺去理性的魔鬼丈夫,竟连"一次祷告"都没留给她,何其悲凉,何其惨绝!

令人难以理解并觉可悲的是，最后，当猜忌的丈夫掐死了她，她也只是吐着残存的那点儿游丝般的气息，轻声说"我死得好冤枉"。不仅丝毫不觉得这个大丈夫是一个"小肚鸡肠"的"卑鄙男人"，当艾米丽亚问她"这是谁干的"？她还辩解说"是我自己"，并要艾米丽亚"代我向仁慈的夫君致意"。真是傻到家了！

最后需要解决的一个问题是，为什么平时胆小、羞涩、温柔、善良、清纯、娴静、贤惠、孝顺的苔丝狄蒙娜，一旦决心嫁给奥赛罗，就一瞬间变成了艾米丽亚式敢作敢为的女性，逃离家庭、背叛父亲、割舍亲情，那么的义无反顾、不计后果，而在结婚之后，却又瞬间变成一个对丈夫小鸟依人的千般服从、万般忍耐，甚至面对毫无道理的猜忌、粗鄙不堪的辱骂也逆来顺受的妻子呢？

其实，这样的事放在今天，也并非完全不能理解。活在当下的现代女性，一旦体内的荷尔蒙被她心目中认定的某个"奥赛罗式"的英雄男子汉点燃，哪怕他相貌奇丑，她也依然会盲目痴情到义无反顾地与之相爱、以身相许，断绝亲情亦在所不惜。盲目的爱情不是伊丽莎白女王时代的专利，它在任何时候都是危险的。只是一般来说，现代女性虽仍然时时会在爱情或婚姻上犯傻，倒也不会像苔丝狄蒙娜那样，愚蠢至极到任由丈夫猜忌，逆来顺受地由着丈夫在床上把自己掐死。不过，现代奥赛罗们嫉妒或猜忌的那根神经，不见得比奥赛罗放松了多少。

艾米莉亚：一个世俗而富有个性光彩的女性

《奥赛罗》中，艾米莉亚性情泼辣，柔中带刚，疾恶如仇，敢爱敢恨，身上充盈着一股世俗女子特有的洒脱、豪侠。

作为伊阿古的妻子，她按照基督教仪轨，像所有把丈夫视为"我的主人"的已婚女性一样，毫无保留地甘心服从丈夫。她天真地以为丈夫让她看准机会把奥赛罗送给苔丝狄蒙娜那块作为定情之物的手绢偷来，是因为喜欢手绢上的图案，她便"要做一块图案跟它一模一样的手绢，送给伊阿古：天知道他到底要拿它去干什么，反正我不知道"。

这时的艾米丽亚是个像苔丝狄蒙娜一样对丈夫百依百顺的贤妻良妇，她眼里丈夫的"坏"，不过是男人与生俱来的本能之"坏"，最本质的"坏"不过满嘴淫词浪语，跟女人眉来眼去地调情，在老婆身上恣情纵欲。这种男人的"坏"，属于今天还常挂在人们嘴头儿的俗语——"男人不坏，女人不爱"——的那种"坏"。艾米丽亚正是把伊阿古当成了这样的"坏男人"，身为军人，自然更"坏"。所以，"不管他什么时候心血来潮，我只能想方设法讨他的欢心"。

但可贵的是，艾米丽亚在讨丈夫欢心的同时，又不失主见，当她意识到奥赛罗猜忌苔丝狄蒙娜全因受到卑鄙小人的挑唆，便对伊阿古说："你要将这种卑劣的无赖揭露出来，让每一个诚实之人都手握一条鞭子，把这些龌龊的混蛋脱得赤身裸体，抽得他们从东到西，满世界抱头鼠窜！"伊阿古让她"小声点儿"，她不仅不听，还对此嗤之以鼻，甚至嗔怪起丈夫也曾犯过同样的猜忌毛病："呸，这些该诅咒的卑鄙小人！上次你就是被这种无耻下流的东西，搞得头脑发晕，竟怀疑我跟摩尔人私通。"

作为受奥赛罗之命，负责照顾苔丝狄蒙娜起居的贴身女仆兼朋友，艾米丽亚对苔丝狄蒙娜的圣洁、忠贞无比钦敬，对她的清白无辜始终深信不疑。她一方面好心、刻意地提醒苔丝狄蒙娜千万别把"猜忌之人"当回事，因为"他们从来都是毫无理由地去猜忌别人，纯粹是为猜忌而猜忌；猜忌简直就是一个无精受孕、自生自灭的怪物"。另一方面，她也会抓住时机，信誓旦旦地向已经对妻子起了猜忌的奥赛罗保证："将军，我敢拿我的灵魂下赌注，她是贞洁的；要是您对她凭空猜疑，赶紧别再瞎想了；那会蒙蔽您的内心。假如有哪个卑鄙小人让猜疑钻进了您的脑子，就让上天用对那条毒蛇的诅咒来报应他！因为她若是一个不忠实、不贞洁、不清纯的女人，天底下也就再没有一个幸福的男人了：连最纯洁的妻子也会被人诽谤成邪恶的荡妇。"她甚至敢于当面质问奥赛罗："难道她拒绝了那么多豪门显贵的求婚，割舍父爱，远离家乡，告别朋友，就是为了让人骂作娼妇？这还不足以叫人伤心落泪吗？"

　　然而,不幸的是,天真的苔丝狄蒙娜只被动地选择相信上天,面对艾米丽亚如此真切的忠告,她无助地祈求"上天保佑",别让猜忌"这怪物钻到奥赛罗的心里!"可此时已被"这怪物"逼进牛角尖的奥赛罗,心底盘算的却是:一个品行不端的女人,如何能保证另一个女人的贞洁。他把艾米丽亚"一副伶牙俐齿"的说辞,当成了"有本事拉客的老鸨"的能说会道。这样一来,艾米丽亚的话不仅丝毫没能减轻奥赛罗的猜忌,而且让他又多了一层猜疑:艾米丽亚竟连苔丝狄蒙娜奸情的一点蛛丝马迹都没察觉,这只能说明苔丝狄蒙娜"是一个狡猾的荡妇,一间上了锁的密室,里边藏满了邪恶的秘密"。

　　不过,艾米丽亚可不像苔丝狄蒙娜那么逆来顺受,生死攸关之时,她所表现出的巾帼刚烈绝不让须眉。当她发现奥赛罗杀了苔丝狄蒙娜,并自我辩解说"她纵欲淫乱,变成了一个娼妓"。她怒不可遏地骂他:"你这样诽谤她,简直是一个魔鬼。"奥赛罗辩称:"她对我不忠,放荡如水。"艾米丽亚针锋相对、毫无惧色地说:"你说她放荡如水,你自己暴烈如火。啊,她是多么圣洁而忠贞!"当奥赛罗告诉她,是她那"诚实、正直"的丈夫伊阿古证实了苔丝狄蒙娜的不贞洁,艾米丽亚厉声诅咒道:"要是他真说了这话,就叫他阴险歹毒的灵魂每天一丁点儿一丁点儿地腐烂! 他昧着良心满口胡言。"然后替苔丝狄蒙娜感叹:"她对她那个又脏又黑的蠢货真是太痴情了。"转而愤怒至极地痛骂奥赛罗:"啊,愚蠢至极的笨蛋! 像淤泥一样蒙昧无知! 你干下的好事,——

我不在乎你的剑;——哪怕丢掉二十条性命,我也要揭露你的罪行。""因为你杀死了一个天地间以纯洁的心灵祈祷上帝的,最温柔可爱、最天真无邪的人。""啊,你这头凶残的蠢驴! 像你这样的傻瓜笨蛋,怎配得到一位这么好的妻子?"

而当她确认了丈夫伊阿古就是那个"卑劣的无赖""醍醐的浑蛋",是制造一切祸患的恶魔,而那"手绢"恰是拿去给恶魔做了证物,便毅然与丈夫决裂,她先是义正词严地当众表示:"各位尊敬的先生,让我在这儿把话说完。照理我该听命于他,但现在我不服从。或许,伊阿古,我永远不再回家。"后又道出"手绢"的实情,彻底戳穿了伊阿古的阴谋,为已死去的苔丝狄蒙娜鸣冤,最终倒在伊阿古的剑下。

除此,艾米丽亚还有作为一个成熟女性的另一面,即她对男权世界有一份清醒而不失深刻的认知。上面提到,她对男人的"坏"了然于心,因此,她觉得所有男人本质上都是一样的。比如,她曾对苔丝狄蒙娜这样来解剖男人——"对我们女人来说,不用一两年,就能看清一个男人的本质:所有男人都是胃,女人全都是他们胃里的食物;馋了、饿了,就把我们吃下去,饱了,又会打嗝,甚至再把我们吐出来。"

另外,艾米丽亚与苔丝狄蒙娜有着截然不同的节烈观。苔丝狄蒙娜将婚外性行为视为女性的奇耻大辱,哪怕用一次婚外性行为可以换取整个世界,她也会恪守忠贞,丝毫不为所惑。《奥赛罗》之所以能产生如此震撼人心的悲剧力量,恰恰在于,莎士比亚计那个叫奥赛罗的丈夫亲手把这样一个"圣洁而忠贞"的妻子杀死了！

在此情形下，我们先来回味一下在《奥赛罗》第四幕第三场中艾米丽亚和苔丝狄蒙娜这段耐人寻味对话：

艾米丽亚　　说真的，我想我一定会；干完再设法弥补就是了。以圣母玛利亚起誓，我才不会只为能得到一枚连锁戒指、几尺麻纱，或几件衣服、几条裙子、几顶帽子，或类似鸡毛蒜皮不值钱的小物件，去干这事：可要是能得整个世界，会有哪个女人不愿意先给丈夫戴绿帽子，然后再让他当帝王呢？我宁愿为此下炼狱。

苔丝狄蒙娜　假如我为得到整个世界犯下这样的罪过，就罚我下地狱。

艾米丽亚　　这算什么，只不过尘世间的一个罪过而已；假如你为付出这一个罪过，而拥有了整个世界，那它又变成了你自己的世界的一个罪过，到那时，改变对错，对你还不是一件轻而易举的事？

苔丝狄蒙娜　我想世上不会有这样的女人。

艾米丽亚　　有，至少有一打；此外，还有更多跟男人

赌博的女人，多到可以塞满她们用肉体
赢来的世界。但在我眼里，妻子的堕落
都是她们丈夫的错。试想，假如他们不
尽夫责，把本该我们享用的好东西，吐
到别的女人的大腿缝里；或是毫无来由
地醋性大发，限制我们的自由；要不就
动手打我们，或一气之下削减我们的零
花钱；怎么，难道我们就没有脾气吗？
尽管我们天性悲悯，可我们也会复仇。
要让那些做丈夫的知道，他们的老婆有
着跟他们一样的感官知觉：她们能看，
会闻，跟那些丈夫一样有味觉，尝得什
么是酸，什么是甜。他们为什么会嫌弃
我们，另谋新欢？是为寻欢作乐？我想
是的；是性欲难耐？我想是的；干出这
样的龌龊勾当，是因为意志薄弱？我想
也是的。然而，我们就不能像男人们一
样，移情别恋，尽享性爱，意志薄弱吗？

　　时至今日，距《奥赛罗》首演整整过去了四百一十年。试问，
我们今天能有多少人（男人女人都包括在内）依然会像苔丝狄蒙
娜一样，执拗地"想世上不会有这样的"肯拿一次性去换整个世

界的"女人"？又得有多少女人会像艾米丽亚一样,恨不得真能用那"不过尘世间的一个罪过",——在她们眼里,那根本算不上是罪过。——去换取整个世界呢？

不过,要真这么来说艾米丽亚,她倒有十足的理由生气,并反驳。因为,她绝不会为那些鸡毛蒜皮的"小物件""去干这事",而是为拥有整个世界,才"宁愿为此下炼狱"。与此相比,她有要跟男人平起平坐的"女权"大气象,至少得在性事上跟男人享有同等权利,一如她反问的,难道"我们就不能像男人们一样,移情别恋,尽享性爱,意志薄弱吗"？何况,"在我眼里,妻子的堕落都是她们丈夫的错"。尽管艾米丽亚这番话女权味儿十足,但可以肯定的是,莎士比亚并无意把她塑造成一个后人眼里的女权主义先驱。

两者相较,苔丝狄蒙娜的圣洁、忠贞,令人肃然起敬、高山仰止,只要这个形象存在,就会有人相信、憧憬爱情的忠贞、恒久;而艾米丽亚的存在,又时刻提醒人们,我们所生活的尘间现世,在忠贞不渝的理想爱情梦影之外,更多的是像《晚》剧所揭示的那样:真实的生活是杂乱无章的。

麦克白夫人：一个恶毒的女魔鬼

在德国文豪歌德眼里，麦克白夫人是一个"超级女巫"。无疑，称她"野兽""女妖"一点儿也不过分。她性格中的雄性潜质与生俱来，她是一个具有男性意志力的女人，若非收到丈夫的信，告知三女巫预言之事，这一潜质还会继续沉睡。若此，她可能永远是一个邓肯眼里"高贵富丽的女主人"，麦克德夫眼里麦克白"温柔的夫人"。从剧情有理由确信，假如不发生谋杀，麦夫人便是一位外人眼里高贵、富丽、温柔的夫人，丈夫眼里忠贞、贤惠、顺从的妻子，"最亲爱的分享尊荣的伴侣"，与麦克德夫夫人同属《圣经》里"贤惠的妻子"。

然而，魔鬼改变了一切！恰如三女巫的预言唤醒了麦克白欲望的魔鬼，丈夫的信也使麦夫人的心魔睁开了双眼。一瞬间，麦夫人便下定决心，一定要帮丈夫实现伟大的君王梦。知夫莫若妻，麦夫人深知丈夫"太有人情味儿"，有野心，却缺乏"与野心相伴的阴毒邪恶"，不敢一下子害人性命，一心想得到的东西，非要以圣洁的方式获得。她点出了丈夫的致命弱点："既不想耍奸弄诈，却又想非分得到。""你只是怕做这件事，并非真心不愿做。赶快回来吧，我好把我的情感性灵倾入你的耳中，好用我舌尖上的勇气痛斥阻碍你得到皇冠的一切,命运和超自然的神力似乎都要助你一臂之力,帮你把皇冠戴在头顶。"

这哪里是"贤惠的妻子",这是一个思维缜密、瞅准时机便果断出手的谋略家。而且,从这句独白——"你们这几个帮凶的魔鬼,无论隐身何方,静待着人类的罪恶,都到我的胸乳来,把奶水吸吮成胆汁吧"。来看,麦克白夫人还担心魔鬼(三女巫)会变得胆小,隐形躲藏,她要让她们喝她的奶水壮胆。这已经比魔鬼还魔鬼了。

因此,当麦夫人得知邓肯要来城堡过夜,立即决定,天赐良机,绝不错过。她见丈夫心有疑虑,斩钉截铁地说:"啊!休想再见到明天的太阳!我的伯爵,你的脸活像一本书,甭管谁一看,都能知道上面有什么隐秘的事——为骗过世人,你的表情要恰如其分:从你的眼里、手上、舌尖,流露出好客的殷勤;得让人瞧着你像一朵纯洁的花,可你实际上是一条藏在花底下的毒蛇。我们一定要好好款待这位贵客,今晚的大事都交我来办,此事一经得手,我们即可在以后所有的日日夜夜,君临天下,尽享王权的统治。"

麦夫人这条毒蛇的确比丈夫会伪装,迎接国王时,她那么雍容华贵、仪态万方、极尽热情殷勤。面对国王叨扰府上的真情客套话,她面不改色、口蜜腹剑地回应:"犬马之劳,何足挂齿,我们哪怕加倍效劳,加倍再加倍,也不足以报答陛下的深恩厚泽。为报答陛下以前颁赏的荣耀和最新封赐的尊贵,我们会一如既往地为您祈祷求福。"

到这儿，麦夫人的魔鬼本色已浮出水面。接下来，夫妻"斗嘴"一场戏，迎来了全剧的第一个高潮，也是剧情的转折点。欲望的惨烈战场在这里精彩呈现。

麦克白要打退堂鼓："这件事到此为止吧！他最近刚给我尊荣，我也从各种人的嘴里赢得极好的赞誉，这时，正该穿上这光鲜的新衣，别这么快就把它丢在一边。"

麦夫人冷嘲热讽："难道你的勃勃雄心在这光鲜的穿戴里喝醉了？难道它一直酒醉大睡，现在一觉醒来，突然想起醉饮前大胆妄想的举动，吓得脸色苍白毫无血色了？瞧你这雄心，一喝醉就有，酒一醒就变，我算掂量出你有多爱我了。你现在怕的是让自己在行为和勇气上，跟你的欲望所求一致吗？你是不是既想得到那至尊无上的人生装饰品，又自甘做一个懦夫？活像谚语里说的那只可怜的猫，让'我不敢'永远尾随在'我想要'的屁股后面。"尽管话里夹枪带棒，却不忘示爱，这是女人的独门绝技。

果然，麦克白的血性再次激发起来："请你别说了。身为一个大丈夫，我无所不敢为：天底下还没有哪个男人比我更敢为。"

麦夫人觉得这话不过虚言，必须添柴加火："那是哪个人面兽心的家伙叫你把这事透露给我的？什么时候你敢做这事，你就算是大丈夫；要是你能使自己不单是一个大丈夫，你就更是男人中的伟丈夫。那时候，没有天时地利，你却老惦记着创造时机；可眼下，天赐大好良机，你却丧失了能力。我给婴儿喂过奶，知道一个母亲对吸吮她乳汁的婴儿是多么怜爱;但假如我像你一样,曾就此事发过毒誓,那我也会在婴儿对我绽开微笑的时候,把我的乳头从他还没长牙的牙龈下拔出来,把他的脑浆子摔出来。"

这话太狠毒了,只能出自一个恶魔之口!

不过,也只有魔鬼能逼麦克白道出真情:"要是失败了呢?"

麦夫人早掐准了麦克白的命门七寸,丈夫不是不想下手,只是担心万一失败。这时,麦夫人开始耐心向丈夫部署具体实施的谋杀计划:"失败? 只要你把勇气那根弦绷紧,就绝不会失败。等邓肯睡熟了——车马劳顿,辛苦一天,他会很快睡熟——我带上酒去找他那两个寝宫侍卫,痛饮一番,把他俩灌醉,我要把他俩的记忆,也就是脑子的看守,灌成一团蒸汽;要把他俩理智的容器,灌成一具酒气熏天的蒸馏器:等他俩烂醉如泥,睡得跟死猪一样,那毫无防卫的邓肯还不任由你我摆布吗? 到那时,我们把这重大谋杀往那两个像海绵一样泡在酒里的侍卫身上一推,不就万事大吉了?"

这样的魔鬼夫人令丈夫敬畏。同时,在夫人异常镇定的感染下,麦克白也驱除了犹疑,稳住了心神:"只生男孩儿吧,凭你这无畏的气质,只该铸造刚硬的好汉。到时把血涂在他自己那两个睡死过去的寝宫侍卫身上,而且行刺就用他们的短剑,会有谁不信这事是他们干的?"

麦克白毕竟是大男人,夫人赶紧补上女人的招数:"我们再抚尸号啕恸哭,一见这悲伤的样子,谁敢不信?"

终于,麦克白把真心交给魔鬼:"我意已决,我要绷紧全身每一根神经,去干这一件惊天之举。"

虽然有超自然的三女巫的预言在先,有魔鬼附体的夫人的力量在后,麦克白为实现自己当国王的野心,杀了邓肯,却似乎始终有一把幽灵之剑悬在半空,随时会要他的命。其实,这就是杀死邪恶心魔的正义之剑。因此,杀了邓肯、满脑子幻觉的麦克白,再次成为夫人眼里的软骨头:"你高贵的力量泄了劲儿,怎么满脑子净是这些胡思乱想的怪念头——去弄点儿水,把手上的血污洗干净。两把剑你怎么都拿这儿来了? 千万要放回原处:把剑搁回去,给那两个酣睡的侍卫涂上血。"

此时的麦克白已没有力气回到杀人现场:"说什么我也不去了。一想我干的事都怕:更不敢再去看。"

这哪儿是大丈夫,分明是个孩子嘛。麦夫人一边嘲笑,一边亲自动手:"意志不坚定! 给我剑。(拿剑)睡着的人和死人都不过像画一样:只有小孩儿的眼睛才怕看画里的魔鬼。要是他还流血,我就把血在那两个侍卫脸上镀一层金,我必须让人们目睹他们的罪恶。"

罪恶可以像把血涂在侍卫脸上一样掩饰过去,这正是魔鬼的做法,毫无道德,毫无良知。显然,剧情发展到这里,始终都是魔鬼的巨大力量硬撑着麦夫人作为女人的强大神经。但同时,这根神经也正在接近崩断的临界点。点燃这个临界点的引信,是麦夫人手上的血污。她并没有亲手杀人,她只是返回谋杀现场,为制造假象,给两个侍卫的脸上涂了血。回到麦克白面前,她还气定神闲地说:"我这双手已跟你的颜色一样了,可我却羞于有一颗像你那样毫无血色的心——(内敲门声)我听见有敲门的声音。我们回房吧。用一点儿水就能把这事儿洗清:如此轻而易举! 你的坚定已把你抛弃——(内敲门声)听! 又敲了。穿上睡衣,免得有人找我们,会看出我们还没睡——别这么像丢了魂似的有气无力。"

麦克德夫敲门的时候,麦夫人依然魔性十足,魔力不减,以至于当钟声响起,她来到麦克德夫面前,假装惊恐,明知故问:"出什么事了,非要吹响这可怕的世界末日的号角,把整个城堡的人都叫醒? 说呀,说呀!"善良正直的麦克德夫抑制住满腔愤怒,反来安慰麦夫人:"啊,温柔的夫人,我不能跟你细说:这话一旦传进女人的耳朵,就会变成谋杀的凶器。"稍后,刚听麦克白说完自己是出于对邓肯的"忠爱之心",才"愤激之下,一时冲动",杀了两个侍卫,她便假装晕倒。

麦夫人的魔鬼表演骗了所有人! 但长期以来,一直有莎学家以为,麦夫人的晕倒不是装的,而是真晕,因为麦克德夫的那句对麦克白的质问——"你为什么要杀他们?"击中了她的神经。千算万算,麦克德夫心生疑问,还是超出了她事先自认完美无缺的算计。一时惊慌,她吓晕了。如此说来,这就成了一种暗示,暗示麦夫人所具有的男人意志力绝非坚如磐石,同时,也是在为

第五幕的梦游一场戏做铺垫,即麦夫人神经错乱的病根已被麦克德夫种下了。再引申说,是麦克德夫所代表的正义力量,最终迫使麦夫人身患梦游;又是同样的力量,最终使麦克德夫杀死了麦克白。

麦克白如愿当上国王,麦夫人摇身成为王后,但因心有挂碍,两人谁也轻松不起来。麦夫人有的是魔性,不意味着自己就是魔鬼,在人性层面,她懂得"费尽满腹心机,到如今一无所获,/若欲望已满足,却并不心安理得:/好比害人者身陷令人惊恐的欢乐,/还真不如被害之人那样稳妥安详。"因此,她见丈夫整日"孤零零独自一人",劝他"难道那些念头还不该随同往事一起死去? 无法补救的事,别再念念不忘:过去的事做了也就做了"。同时,还要恳求她"高贵的丈夫""不仅要掩饰住满脸的愁容,今晚还得心情愉快、神清气爽地招待宾客"。

这一刻,麦夫人似乎又回归成一个女人、一个妻子。也是在这一刻,麦克白转变为一个男人、一个丈夫。莎士比亚的这一戏剧处理得十分精妙。

麦克白未将已派人暗杀班柯的事告知夫人,他只是对她说:"亲爱的妻子,我脑子里爬满了蝎子! 你知道,班柯和弗里安斯还活着。"夫人自然明白丈夫的心病所在,极力劝慰:"他们的生命契约又不是永恒的。"这句话让麦克白像吃了定心丸一样满心欢喜,因为麦克白由此豁然开朗,原来班柯的命并非神圣不可侵犯。麦克白又像孩子似的称呼夫人"最亲爱的宝贝儿",随后表示"事成之后，你自然会拍手称快"。麦克白有一种要独自干成一件漂亮事之后，向夫人摆功的心理。邪恶似乎也露出可爱的笑脸。

　　然而，暗杀失手，班柯虽死，弗里安斯却侥幸逃脱，这样三女巫的预言再次成了变数，而这变数又叫麦克白心病复发。王宫大厅的晚宴刚开场不久，麦克白已开始失态。麦夫人只好赶来救场，先是从容不迫地请丈夫给客人"敬酒助兴"；当麦克白被班柯的幽灵吓得惊叫，她又向客人们耐心解释："尊贵的朋友们，坐下来——这是我丈夫年轻时落下的毛病，经常这样。请各位安心就座。发病只是一阵儿，过一会儿很快就好。假如你们太注意他，反而会惊扰他，令他激怒不已、狂躁不安；接着用餐，不用管他。"随即，像对孩子似的训斥丈夫："你是条汉子吗？"男人的虚荣令麦克白不肯服输，坚称自己是"一条血性汉子，连魔鬼看了心惊胆寒的东西，我都敢盯着它目不斜视"。

　　闻听此言，麦夫人对丈夫好一顿奚落，嘲笑道："好一派胡言乱语！这就是你用恐惧画出来的想象：这就是你所说的引你去杀邓肯的、空中出鞘的那把剑。啊，这突然暴发的情绪冲动，不过是拿真恐惧骗人的玩意儿，跟一个主妇在冬日炉火旁，讲述打她老祖母那儿传下来的故事倒十分相称。丢人现眼！你为什么要做这种鬼脸？说到底，你瞅见的只是一把椅子。"

　　可是，班柯的幽灵迅速击垮了麦克白脆弱的神经，他刚一开口说敬酒词，便在幻觉中看见班柯的幽灵再次坐在自己的国王宝座上。他崩溃了！这时，麦夫人对这位大丈夫已毫无信心，极度失望，连声慨叹："太愚蠢了，你的男子汉气概呢？""不知羞耻。""你以最令人惊异的癫狂，扫了所有人的兴，如此盛宴就这样被你糟蹋了。"

麦克白被班柯的幽灵"吓得满脸煞白"，麦夫人却依然清醒。当罗斯上前询问麦克白到底看见了什么，麦夫人唯恐事情败露，赶紧抢话："请你别再问了；他的病越来越厉害，一问反而会激怒他。"如此，当机立断，立刻宣布："就此散席，晚安：离席先后不必拘泥爵位品级高低，立刻散了吧。"

在此，麦夫人作为"伟大的坏女人"所表现出来的豪杰气魄，明显压倒了麦克白的男子汉气概。

宾客散尽，暂时恢复平静的麦克白，向夫人说打算次日一早去找三女巫，"非要用这最邪恶的办法，从她们嘴里知道我最惨的结局不可"。麦夫人显得漠不关心，淡淡地说："你整个身心都缺乏调剂，睡觉吧。"

麦夫人身上附着的魔鬼的力量，到这个时候已耗尽，与此同时，命运毁灭的灾难开始降临。待第五幕第一场她再一出场，已是一个极度抑郁的梦游症患者。

梦游这场戏是莎士比亚颇伟大的创造之一，它的影响力如此深远，甚至麦夫人的梦游独白"去，该死的血污"早已成为英语世界常用的一个短语。

梦游中的麦夫人，幻想自己手上有洗不净的邓肯的血污，

"谁能想到，这老头儿会流那么多的血"。她的这种心绪正应了随后安格斯在征讨麦克白时说的话："他现在感到阴谋暗杀的血污紧紧沾在手上。"

她一边反复搓手，一边不安地念叨："费辅伯爵曾有过一个妻子：她现在何处？——怎么，这两只手再也洗不干净吗？——别那样了，我的丈夫，别那样了：你这神经过敏的一乍呼，把一切都搞砸了。""这儿还有血腥味儿。怎么所有阿拉伯的香料连这一只小手都熏不香。啊！啊！啊！""把你的手洗净，穿上睡衣，别脸色这么苍白。——我再跟你说一遍，班柯已经下葬，他不能从坟墓里冒出来。""上床，上床；有人敲门：来，来，来，来，把手给我：干了就干了。上床，上床。"

这里蕴含着两层暗示：第一层，麦克白派人暗杀班柯、血洗麦克德夫城堡之事，麦夫人事先均一无所知。杀班柯，是麦克白想独自把三女巫的第一次预言做个了断，给夫人一个惊喜，分享铲除后患的胜利果实；而杀麦克德夫妻儿老小，则更多的是麦克白为了保自己的命，因为三女巫要他"当心麦克德夫；当心费辅伯爵"。这时，他再也顾不上夫人。麦夫人使他成为谋害邓肯的凶手，麦克德夫则把他变成一个暴君。麦夫人感到了从未有过的害怕。更叫她担惊受怕、夜不成眠、梦里游走的致命因素，在第二层，当她预感到联军一旦获胜，将麦克白王国推翻，她的下场会落得跟"费辅伯爵曾有过"的那个妻子一样。这样一想，谋杀之夜再现眼前，旧的可怕的血污挥之不去，同时，新的血污即将来临,她预先看见了死神。

就这样,麦克白夫人死了!

听到夫人的死讯,麦克白显得十分淡定,一点也不惊讶:"不定哪一天,她势必会死。"但倏忽间,麦克白从她的死感到了人的生命过程徒劳无益,不过是在等着耗尽光阴的最后一秒钟,慨叹:"人生不过一个行走的影子,一个可怜巴巴的演员,他把岁月全花在舞台上装模作样、焦躁不安地蹿来跳去,一转眼便销声匿迹。"